여자 일이
무엇이관데?

ⓓ ⓓ ⓓ

여자 일이
무엇이관데?

비틀어 보는
조선 시대 여성의
삶과 이야기

신혜경 글

🌾 보리

들어가며

역사를 배우기 이전에 나는 옛이야기를 좋아하는 아이였다. 신화와 전설, 전래동화, 그리고 드라마. 지금과 다른 시대를 살았던 사람들의 이야기가 좋았다. 그들은 무슨 생각을 하고 무슨 일을 하며 살았을까? 무엇을 먹고 입고 어디에서 살았을까? 그리고 무슨 꿈을 꾸었을까? 무엇이 가장 힘들었을까?

옛이야기 속 등장인물들 가운데서도 귀하고 부유한 사람들보다 가난하고 천한, 그래서 차별받았던 사람들에게 관심이 갔다. 그 사람들이 어떻게 자신의 처지를 받아들였는지, 또는 이겨 냈는지, 그래서 어떤 삶을 마침내 이뤄 냈는지 알고 싶었다. 그 사람들이야말로 지금의 나와, 또한 지금 이 시대를 살아가는 수많은 사람들과 연결되어 있다고 느꼈기 때문이었다.

지금은 당연한 것이 전혀 당연하지 않던 시절, 사람의 목숨이 가장 귀한 것으로 여겨지지 않던 시절, 목숨에도 높낮이가 있던 시절, 천 명 가운데 한두 명만 글을 읽고 쓰던 시절, 사람의 귀하고 천한 것을 하늘이 정한다고 믿던 시절, 하루 스물네 시간 가운데 대부분을 먹을거리 마련하는 데 쓰며 살던 시절, 천한 사람이 귀한 사람을 위해 당연히 희생해야 하던 시절에 부귀함을 타고나지 못했던 사람들은 어떻게 살아갔을까? 이 궁금증을 풀고 싶어서 역사에 관심을 갖게 됐다.

대학에서 역사를 전공했고, 변산공동체학교에서 중등부 학생들과 역사 수업을 했다. 역사 수업은 아이들을 가르치기보다는 내가 공부하는 계기가 되었다. 월간지 〈개똥이네 놀이터〉에 〈옛사람 이야기〉 연재를 시작하며 좋은 책을 찾아 읽고 새로운 사람을 알게 됐고 이미 안다고 생각했던 사람들의 삶을 다시 생각해 볼 수 있는 기회를 얻었다. 모르던 것을 알게 되는 기쁨과 궁금한 것이 늘어 가는 즐거움을 누렸다. 그 즐거움을 이 글을 읽는 사람들과 함께 나누고 싶다.

어렸을 때, 옛이야기 속 사람들이 정말로 한때 이 땅에 살았던 사람들이며 나와 연관이 있을 수도 있다는 사실을 깨달은 계기가 있었다. 한 친구가 자신이 신라왕의 후손이라고 주장했다. 그 애는 알에서 나온 김수로가 자기 조상이라고 했다. 귀한 조상을 두었다는 게 부러워서 나도 내 조상에 대해 관심이 생겼지만 찾아볼 근거가 전혀 없었다. 나와 같은 본과 성을 가진 사람들 가운데 위대한 장군도, 충신도, 하다못해 고을 사또라도 있었다는 증거가 없었다. 심지어 양반이라는 확신도 없었다. 신분이 나뉘어 있던 시절에 양반이 아니라는 것이 어떤 의미인지, 사극을 열심히 보았던 나는 알고 있었다. 알고 있다고 믿었다. 물 긷고 밭매고 불 때고 삯바느질하며 천대를 받았을 것이다. 내가 몇백 년 전에 이 땅에 태어났다면 나는 양반도 아니고 남자도 아니니 아무것도 아닌 사람이었을 것이라고 생각했다. 사람으로 대접받지 못했을 수도 있다고 생각했다.

고등학생이 되어 한국 역사를 배울 때, 억압받고 차별당하던 사람들이 뭉쳐서 나라를 구하고 평등한 세상을 만들려고 목숨 바쳐 싸우는 이야기에 늘 가슴이 뛰었다. 조선 후기의 농민항쟁, 동학농민운동, 구한말의 의병들, 그리고 일제강점기의 독립운동가들. 그중에서도 특히 평민 의병장 신돌석이야말로 내 진짜 조상일지도 모른다는 희망을 잠시 가졌다. (아니라는 사실을 곧 알게 되었다.)

역사에 이름을 남긴 사람들도 남기지 못한 사람들도 모두 한때 이 땅에서 살았다. 순간순간마다 생각하고 선택하고 고통받고 때론 기뻐하며 생존해 나갔을 것이다. 지금의 나처럼. 존재했던 뚜렷한 흔적을 남기지 못했을지라도 그 사람들이 만든 세상에서 내가 살아간다고 생각한다. 그렇다면 나도 지금 이 세상을 만들어 가는 사람들 가운데 하나일 것이다. 그들의 이야기를 더 많이, 더 자세히 알고 싶다. 그리고 그들과 나 사이의 연결됨을 느끼고 싶다.

대학 시절 근현대사를 가르쳤던 교수님은 역사는 마침내, 결국에는 사람의 자유와 평등이 확대되는 방향으로 나아갔다고 하셨다. 앞으로도 그럴 것이라고. 비록 그 말이 믿어지지 않는 시절이 있을지라도. 나도 그런 믿음을 가지려고 한다. 그 길을 걸어갔던 사람들을 알아 가며 나 또한 같은 방향으로 걸어가고 있음을 느끼고 싶다.

1부

여자 일에
질문을 던진 여성들

숨어 살아야 했던 사람

자식을 훌륭하게 길러 낸 어머니로 이름을 남긴 여성들이 있다. 널리 알려진 사람이 신사임당이다. 그런데 이 사람에겐 좀 억울한 점이 있다. 사임당이 억울해했다는 이야기는 아니다. 사임당은 자기가 죽고 나서 대학자 이율곡의 어머니로 그토록 칭송과 흠모를 받게 될 줄은 몰랐을 테니까.

율곡이 대학자가 되기 전부터 사임당은 뛰어난 화가였다. 일곱 살 때 안견의 산수화를 똑같이 따라 그리며 그림을 공부했고, 스승도 없이 혼자서 높은 경지에 올랐으니 천재라 할 수 있겠다. 글씨도 잘 썼고 시와 자수도 뛰어났다고 한다. 아들이 율곡이 아니었어도 뛰어난 예술가로 이미 당대에 이름을 날렸던 사람이다. 오히려 후대 유학자들이 사임당을 '율곡

선생의 어머니'라는 틀에 가두고 자기들 입맛에 맞게 꾸며 낸
것처럼 보인다.

사임당처럼 많이 알려지지는 않았지만, 용감하고 지혜로
운 어머니와 큰 인물이 된 아들 이야기가 전해진다. 임진왜란
때 활약했던 무관 유극량과 어머니 옥호 부인 이야기다. 간략
한 역사 사실에 풍성한 이야기가 더해졌다.

유극량은 태어난 해와 날이 분명하지 않다. 무과에 급제
해서 무관으로 출세하기 전까지 미천한 신분이었기 때문이
다. 유극량의 어머니는 노비 출신이었다. 어머니는 '옥호 부
인'이라 불렸는데, 옥호가 이름은 아니겠지만 다른 이름을 모
르니 그냥 이름처럼 쓰겠다.

옥호가 태어난 해와 날 또한 알 수 없다. 옥호는 선조 때
정승을 지낸 홍섬 집안의 사노비였다. 옥호는 열여섯 살 때
홍씨 집안에서 도망을 쳤다. 집안일을 하다가 값비싼 물건(옥
술잔이라고도 한다)을 망가뜨렸기 때문이다. 그 물건이 홍씨 집
안 가보라는 이야기도 있다. 주인집 귀한 물건을 망가뜨렸으
니 큰일이었다.

조선 시대에 사노비는 주인이 마음대로 처벌할 수 있었
다. 목숨을 빼앗는다면 조금 문제가 되겠지만, 매질을 하거나
어지간히 혹독하게 다루어도 주인의 권리로 여겼다. 그러다
가 목숨을 잃는다 해도 양반인 주인이 처벌받는 일은 드물었
다. 그러니까 옥호는 술잔인지 뭔지를 깨 먹은 죄로 맞아 죽

어도 할 말이 없는 처지였다. 그런데 홍씨 집안은 가풍이 엄격하고 성리학적 도리를 철저히 따르는 대쪽 같은 선비 집안이며, 홍언필과 그 아들인 홍섬은 살아 있는 동안에도 죽은 뒤에도 꽤 존경을 받았던 사람들이었다. 비싼 물건 좀 망가뜨렸다고 어린 여자애를 때려죽일 사람들이었을까?

내 생각은 이렇다. 그럴 수도 있고, 그렇지 않을 수도 있지만 당사자(열여섯 살 계집종 옥호)는 맞아 죽을지도 모른다고 매우 두려워했을 것이다. 그리고 이 이야기에 다소 살을 붙여 후대에 전했을 조선 시대 사람들도 충분히 그런 일이 있을 수 있다고 생각했을 것이다. 주인은 모질 수도, 너그러울 수도 있지만 노비는 두려워할 수밖에 없다. 그래서 옥호는 도망을 쳤다.

옥호는 밤새 산길을 달려 문경새재를 넘었다고 한다.(이게 가능한 건지는 잘 모르겠다. 하지만 굳이 따질 필요는 없는 것 같다.) 조령고개를 넘다 큰 범을 만나 정신을 잃었는데 깨어나 보니 산 아랫마을 유 진사란 이의 집이었다. 옥호는 유 진사 집 대문 앞에 쓰러져 있었다고 한다. 산에서 범을 만나 정신을 잃었는데, 범이 옥호를 고이 물어다가 은인의 집 앞에 데려다준 것이다. 아니, 범이 은인인 셈이다.

물론 사실은 아니겠지만, 여기서 범이 나오는 까닭이 있다. 옥호는 여느 양반집 노비들처럼 옷자락에 노비라는 표식을 달고 있었는데, 범에게 물려 오면서 옷이 다 찢어져 노비 표식이 없어졌다. 신분을 감출 수 있었다는 게 이 대목에서 가장 중요한 점이다. 옥호에게도 중요하고, 곧 남편이 될 유 진사에게도 중요하고, 아들 유극량에게도 중요했다.

마침 유 진사는 몇 해 전에 아내를 잃었던 사람이라 옥호를 소실로 맞았다. 옥호의 신분은 유 진사만 알았고 비밀을 지켰다. 두 사람 사이에서 아들이 태어났는데, 이 아들이 바로 유극량이다.

옛이야기가 흔히 그렇듯이 평온한 시절은 짧다. 유극량이 아직 어릴 때, 유 진사가 병으로 세상을 떠났고, 다 자란 전 부인 아들이 집안의 주인이 되니 옥호 부인과 극량이 설 자리가 없었다. 게다가 옥호 부인은 자기가 도망친 노비라는 사실이 들통날까 두려웠다. 조선 시대 법은 어머니가 노비이면 그 자식도 어머니 쪽 주인의 노비가 되어야 했다. 옥호 부인이 전 주인에게 잡히면 아들도 홍씨 집안의 노비가 되어야 했다. 그래서 부인은 또다시 달아나기로 했다. 아들과 함께 멀리 개성으로 떠났다.

개성에서 옥호 부인은 부잣집을 돌아다니며 잔치나 제사 때 품팔이를 해 살림을 꾸렸다. 유극량은 서당에 다니며 글을 배웠고, 나무를 해다가 시장에 팔아 살림에 보탰다. 옥호 부인의 '출장 가사 서비스'는 무척 잘되었던 것 같다. 몇 해 뒤 옥호는 개성에 집을 한 채 샀다. 비록 귀신이 나온다는 소문이 돌아 거저나 다름없었다고는 하지만 품을 팔아 모은 돈으로 집을 마련했다. 모자가 이사한 뒤로 귀신은 얼씬도 하지 않았다고 한다. 왜인지 알 것 같다. 옥호 부인에게는 귀신 따위는 명함도 못 내밀 만큼 무서운 게 있었다.

유극량은 서당에서 종종 싸움을 했는데, 정의감이 강해서 약한 아이를 괴롭히는 아이들을 혼내 주곤 했다 한다. 어머니는 사람은 참을 줄도 알아야 한다고 아들을 타일렀다. 신분을 감추고 숨어 살아야 하는 처지인데 아들이 정의의 영웅이 되어 남의 입에 오르내리면 곤란했다. 하지만 유극량이 시장에 팔러 간 나뭇짐을 땔감이 떨어진 어느 가난한 상갓집에 주고 돌아왔을 때는 '너를 낳고 이렇게 기쁜 날이 없었다'며 칭찬했다. 극량이 무과 시험을 보겠다 하자 어머니는 '벼슬을 꼭 해야 하나, 농사꾼이 되어 살면 안 되겠나' 하고 말했다. 과거에 급제해 세상에 이름이 나면 안 될 비밀이 있기 때문이었다. 마침내 유극량이 무과에 급제하자 어머니는 아들에게 비밀을 털어놓고 말았다.

유극량은 어머니의 옛 주인인 예조판서 홍섬의 집으로 찾아갔다. 자초지종을 말하고 어머니의 노비 문서를 없애 준다면 자기가 대신 노비가 되겠노라고 청했다. 어머니는 평생 아들이 노비가 될까 봐 노심초사해 왔는데, 알다가도 모를 게 한국 효자 효녀들이다. 하여튼 그런 계집종이 있었는지도 몰랐던 홍섬은 '다 지난 일인데 이제 와서 뭘' 하고는 선선히 옥호 부인의 노비 문서를 태워 버렸다.(갑은 이렇게 쉽게 대인이 될 수 있는데 한평생 도망 다니며 숨어 산 사람을 생각하면 슬프다.)

옥호 부인은 평생 걸림돌이었던 신분의 속박에서 풀려나 아들이 훌륭한 무관이 된 모습을 보고 세상을 떠났다. 세상을 떠난 해는 1585년이라 한다. 실록에는 유극량에 대해 이렇게 적혀 있다.

"개성부의 빈한하고 미천한 사람으로 무과에 급제했다. 청렴결백하고 정직했으며 보장으로 있을 때부터 명성이 드러나 벼슬이 수사에 이르렀다."

유극량은 부하들을 무척 아꼈다고 한다. 힘들고 위험한 일은 꼭 함께하며, 부하들을 모두 먹이기 전에는 자기도 먹지 않았다. 그 때문에 아래위를 모르고 체통이 없다는 비난을 많이 받았다. 출신이 미천해서 그렇다는 말도 물론 들었다. 선조 때 전라좌수사에 임명되었지만 출신이 천하다고 반대하는 이들이 많아 밀려났다.

임진왜란이 일어나자 조방장(도의 군사령관을 보좌하는 직위)이 되어 전쟁에 나갔다. 임진나루 싸움 때 적의 유인술을 꿰뚫어 보고 강을 건너지 말자고 이야기했지만 상관인 신할이 듣지 않았다. 유극량은 명령을 따라 강을 건너 공격하다 적이 쏜 총에 맞아 전사했다. 흰머리를 휘날리며 싸웠다 하니 쉰이나 예순에 가까운 나이였을 것이다.

옥호 부인과 아들 유극량 이야기는 이렇게 끝난다.

현모양처 말고
뛰어난 예술가

내가 어렸을 때, 어른들은 종종 아이들에게 장래희망을 묻곤 했다. 아이들은 대개 장래에 대해 뚜렷한 생각을 갖고 있지 않았다. 당연한 일이다. 아이들은 현재를 사느라 바쁜데 스무 해나 더 뒤의 일을 어떻게 구체적으로 생각할 수 있겠는가. 따라서 어른들 질문에 대답하려고 생각해 낸 장래희망들은 자기 재능이나 소망과 별 상관 없는 경우가 많았을 것이다.

아이들의 장래희망으로 흔한 직업들은 아이들이 아는 한 가장 괜찮아 보이는 것들이 대부분이었다. 대통령, 군인, 과학자, 의사, 간호사, 선생님, 운동선수……. 그런데 직업이 아닌 장래희망도 있었다. 여자아이들 사이에서만 선호도가 높았던

'현모양처'였다.

그때 여자아이들은 어쩌다가 '현모양처'라는 장래희망을 갖게 된 것일까? 현모양처는 직업도 아니고, 자기 바람이나 선호를 담았다기에는 너무나 이타적이다. 그때 나는 그런 답을 했던 아이들이 우습다고 생각했다. 장래희망이 뭐가 그렇게 시시한가 싶었다. 지금은 그렇게 생각하지 않는다.

다른 아이들처럼 그 아이들도 장래희망 따위를 깊이 생각했던 게 아닐 것이다. 대통령이 되겠다는 아이는 대통령이 정확히 뭘 하는 사람인지 몰랐다. 심지어 당시 우리나라 대통령이 민주적인 선거로 뽑히지 않았다는 것도 몰랐으니까. 현모양처도 마찬가지다. 그냥 좋아 보이니까, 좋은 것이라고 하니까, 뭔가 평범하지 않은 대답을 하고 싶어서 그냥 말했을 가능성이 높다. '왜'라는 질문은 그 아이들이 아니라 어른들에게 해야 한다. 누가, 왜, 열두어 살짜리 아이들에게 '현모양처'가 장래희망으로 삼아도 될 만한 가치가 있다고 가르쳤을까? 그것도 여자아이들에게만.

집에 있는 위인전을 되풀이해서 읽던 어린 시절, 또 한 가지 의문이 있었다. '신사임당은 왜 위인전에 실려 있는가?'였다. 대체 이 사람이 어떤 훌륭한 일을 했길래.

사임당의 전기에는 아들을 잘 가르쳐서 훌륭한 인물로 만든 것이 사임당의 큰 업적인 것처럼 쓰여 있었다. '현모'였다는 것이다. 그렇다면 '양처'는? 사임당의 남편은 그야말로 사임당의 남편일 뿐, 어떤 훌륭한 일을 했다는 기록이 없다. 심지어 그는 율곡 이이의 아버지로서 칭송을 받지도 못했다. 평생 글공부는 했지만 경쟁률이 무시무시했던 과거 시험에는 끝내 합격하지 못했고, 마흔이 훌쩍 넘은 나이에 음직으로 말단 관직에 나갔다. 일찍부터 첩을 두었고, 사임당이 세상을 떠난 뒤에 곧바로 재혼했다.

어릴 때 나는 여자아이들이 현모양처라는 가치를 높게 평가하고 장래희망으로 삼아도 괜찮다고 생각하게 된 책임이 신사임당에게 있다고 생각했다. 현모양처라는 애매하고 무척 사소해 보이는 '타이틀'을 달고 위인전에 이름이 오른 것도 부당한 일이라고 생각했다.

그러나 그것은 무척 큰 오해였다. 먼저, 사임당이 현모양처의 대표처럼 된 것은 전혀 자기 책임이 아니었다. 그리고 사임당이 위인전에 실린 것은 현모양처여서가 아니라 뛰어난 예술가이기 때문이었다.

사임당의 일생을 가장 자세하게 기록한 글은 그가 세상을 떠난 뒤에 아들인 율곡 이이가 쓴 행장인 《선비행장》이다. 신사임당은 1504년 강릉에서 아버지 신명화와 어머니 용인 이씨 사이의 다섯 딸들 가운데 둘째로 태어났다. 본디 이름은 알려지지 않았다. 사임당은 그가 스스로 지은 호다. 주나라 문왕의 어머니인 태임을 본받는다는 뜻을 담았다. 문왕의 어머니는 유교 문화관에서 '현모'의 상징이었다. 스스로 지은 이름이니 본인이 지향하는 가치를 담은 것임은 분명하다.《선비행장》에 따르면 사임당은 어린 시절부터 글과 그림, 글씨가 모두 뛰어났다. 바느질도 잘했고, 특히 자수가 뛰어났다고 한다. 성품은 당시 여성에게 요구되던 모든 덕성을 다 갖추었다고 보면 된다. 자질은 온아하고 지조는 곧고 깨끗하며 태도는 고요하고 일처리는 편안하고 자상했다. 말수가 적고 즉흥적인 행동을 삼갔으며, 겸손하고 효성스러웠다. 물론 아들이 어머니에 대해 쓴 글이라는 것을 감안해야 할 것이다.

1522년, 열아홉에 선비 이원수와 혼인했다. 혼인할 때 아버지 신명화는 사위에게 여러 딸들 가운데서도 사임당만은 떠나보내고 싶지 않다고 말했다. 아버지의 바람대로 사임당은 혼인하고 스무 해 동안 친정에서 또는 친정과 가까운 곳에서 살았다. 성리학적 종법제가 아직 뿌리내리기 전이어서, 혼인한 뒤 여성이 친정에 머물고 남성이 처가와 본가를 오가며 지내는 것이 흔한 일이었고 오랜 전통이었다. 사임당은 혼인 생활 대부분을 친정과 가까운 곳에서 보냈고, 친정 부모님에 대한 지극한 마음을 숨기지 않고 드러냈다. 1541년에 연로한 시어머니를 모시려고 한양으로 살림을 옮긴 뒤 마흔여덟에 세상을 떠나기 전까지 열 해 가까이 고향에 계신 홀어머니를 그리워했다.

《선비행장》에 따르면, 사임당은 일곱 살 때 조선에서 가장 뛰어난 화가 안견이 그린 화첩을 보고 모방하여 〈산수도〉를 그렸는데 그 솜씨가 놀라웠다고 한다. 특히 포도를 잘 그렸고 그런 사임당의 그림을 모사한 병풍이나 족자가 세상에 많이 남아 있다.

지금 남아 있는 사임당의 그림들 가운데 대표적인 것은 〈초충도〉, 즉 벌레와 풀을 그린 그림이다. 뜰이나 텃밭에서 흔히 볼 수 있는 화초, 채소, 곤충, 동물이 주된 소재다. 아마도 사임당의 고향집인 강릉의 오죽헌에서 흔히 보았던 풍경과 사물들이었을 것이다.

8폭 병풍에 그린 〈초충도〉 가운데 '오이와 개구리'를 처음 보았을 때 나는 놀랐다. 그림을 전혀 모르지만 아름답다는 말이 절로 나왔다. 특히, 요즘은 잘 심지 않는 토종 오이의 모습이 그대로 표현되어 있었다. 짧고 통통하고 몸통이 잘록한 오이의 작은 돌기까지, 만지면 느껴질 것 같았다. '가지와 방아깨비' 그림 속 가지도 요즘 기르는 가지와 다르게 짧고 통통하다. 가지 꼭지와 꽃받침에 난 가시도 세밀하게 표현되어 있고, 색감도 무척 아름답다. 오백 년 전 옛사람이 그린 그림이라는 생각이 들지 않았다.

나는 사실 옛날 사람들이 그린 수묵화는 아무리 뛰어난 화가가 그린 명작이라는 설명을 들어도 별 감흥을 느끼지 못하는데, 사임당의 그림은 눈에 들어오고 마음에 와닿는다. 오이, 수박, 가지, 포도뿐만 아니라 꽃 그림도 좋다. 맨드라미, 도라지꽃, 여뀌, 꽈리, 민들레, 달개비, 원추리, 나팔꽃까지, 보는 순간 '아, 이 꽃!' 하고 알아볼 수 있다. 사임당의 그림 소재는 흔하고, 가깝고, 그래서 다정하고 사랑스럽다.

　사임당의 작품들은 당대에도 꽤 알려졌고 높은 평가를 받았지만 후대의 이름난 유학자들이 그와 그의 그림을 극찬하는 글을 쓰게 된 것은 아마도 아들인 율곡 이이가 대학자로서 많은 후학들의 존경을 받았기 때문이 아닐까 한다. 신사임당이 한국의 대표 현모양처가 된 것도 이때부터가 아닐까. 당시 성리학적 가부장제가 강해지며 여성의 지위가 낮아졌고, 여성이 글을 쓰고 그림을 그리는 일이 좋은 평가를 받지 못하게 되었지만, 사임당은 달랐다. 위대한 학자인 율곡 이이의 어머니였고, 율곡 이이가 위대한 학자가 되도록 기르고 가르친 사람이었기 때문이다. 또는 그렇다고 믿었기 때문이다.

　사임당은 혼인하고 서른 해 동안 일곱 명의 자녀를 낳아 기르고 스무 해 동안 친정과 시가를 오가며 살림을 꾸렸다. 그 사이에 뛰어난 작품을 그리며 길지 않은 생애를 충실하게 산 뛰어난 예술가였다. 물론, 현모양처였을 수도 있다. 적어도 자녀들에게는 좋은 어머니였을 것이다. 율곡 이이가 지은《선비행장》을 보면 사임당에 대한 절절한 그리움과 애틋한 마음을 읽을 수 있다. 단지 훌륭한 아들을 두었기 때문에 칭송을 받은 사람은 아니었다.

혼인으로
피우지 못한 글재주

코로나19가 창궐하던 시절, 나는 '강도 높은 사회적 거리두기'에 적극 동참했다. 그렇지만 일상이 크게 달라지지는 않았다. 직장에 다니던 때를 빼면 거의 평생 동안 나 스스로 사회적으로 거리를 두며 살아왔기 때문이다. 오히려 이 시기에 나는 내가 이 사회와 정말 긴밀하게 연결되어 있음을 느꼈다. 코로나19 확진자가 아직 한 명도 나오지 않은 조용한 시골에 살며, 도서관이 휴관한 뒤로는 거의 외출을 하지 않고, 만나는 사람 수는 다섯 손가락 안에 드는 나 같은 사람도 결국은 사회 속 인간이었던 것이다.

당시 한 해 동안 준비한 자격증 취득 과정이 코로나19로 무기한 중단되었고 그와 함께 취업도 미뤄졌다. 기약 없는 기다림이 이어졌다. 사회와 나의 밀접함을 이렇게 느껴 본 것도, 내가 이 사회 체계에 의지하고 있다고 깨달은 것도, 다른 이에 대한 신뢰와 불신을 동시에 강하게 느낀 것도, 그리고 이렇게 고립된 것도 모두 처음이었다.

내가 원하는 일을 할 수 없고, 내 의지와 노력으로 바꿀 수 없는 상황을 견뎌야 하고, 그러나 상황이 나아질 거라는 확신을 가질 수 없을 때, 나는 어떻게 살아야 할까. 내가 노력하면 뭔가 할 수 있다고 믿고 사는 것이 당연한 게 아니라는 생각이 들었다.

나는 별 재주 없는 사람이지만, 그래도 책을 읽으며 위안을 얻고, 배우고 싶으면 배울 수 있고, 어찌어찌 밥은 벌어먹고 살 수 있다는 자신감은 가지고 살아왔다. 그 마음으로 그 시절을 버텼다. 그러면서 그럴 수 없는, 없었던 사람들을 생각했다.

옛날 사람들은 어땠을까. 태어날 때부터 주어진 조건에 평생 얽매여 살아야 했던 사람들도 답답함을 느꼈을까. 당연한 일이라고 받아들였을까. 그러면서 사백 년쯤 전에 살았던 시인 허난설헌에 대해 자주 생각했다. 누구나 아는 것 같지만 실은 잘 모르는 사람이다.

허난설헌은 조선 시대 양반 가문 가운데서도 손에 꼽히는 명문가에서 태어나 여성으로서는 드물게 마음껏 공부하고 글을 쓰며 자랐다. 아버지인 허엽과 오라버니인 허성, 허봉, 그리고 동생 허균과 허난설헌을 합해서 '허씨오문장'이라고 불렀을 만큼 학문과 글재주가 뛰어난 집안이었다. 그 가운데서도 시재는 허난설헌이 가장 뛰어났다고 한다. 열두 살 위인 둘째 오라버니 허봉은 누이에게 두보의 시집을 선물하며 "내가 열심히 권하는 뜻을 저버리지 않으면 희미해져 가는 두보의 소리가 누이 손에서 다시 나오게 할 수도 있을 것 같다"는 글을 써 주었다. 동생의 재능이 두보를 이을 만하다는 대견함과 자부심이 담겨 있다.

　식구들의 인정과 격려를 이토록 받으며 마음껏 공부하고 시를 쓰던 시절은 열다섯 살에 혼인하면서 끝이 났다. 스물일곱 살에 세상을 떠나기까지 천여 편이나 되는 시를 썼다고 하지만, 그의 유언에 따라서 모두 불태워졌다. 지금 남아 있는 시들은 본가에서 보관하던 것들과, 동생 허균이 기억하던 것들을 옮겨 《난설헌집》이라는 시집으로 엮은 것이다. 허균은 벼슬을 할 때 중국 사신들에게 누이의 시를 소개했다. 그가 역모로 처형을 당해 집안이 몰락한 뒤에 조선에서는 허난설헌의 시가 잊혔지만 중국에서는 널리 읽히고 높은 평가를 받았다. 숙종 때는 일본에서도 그의 시집이 출판되어 말 그대로 국제적인 시인이 되었다.

　허난설헌의 일생은 동생 허균이 누이의 시집에 붙인 발문에 나와 있다.

"부인의 성은 허씨이며 스스로를 난설헌이라고 불렀다. 균의 셋째 누이로 저작랑 김성립에게 시집갔다가 일찍 세상을 떠났다. 자녀가 없다 보니 평생을 글 쓰는 것으로 살아 저작품이 아주 많았다. 그러나 유언에 따라서 불태워 없앴다. 전하는 작품이 매우 적은데, 모두가 동생 균이 베껴서 적어 놓은 것으로부터 나왔다. 그것이 오래되었고 더구나 잃어버리거나 화재를 입을까 걱정이 되어 이를 나무에 새겨서 널리 전하는 바이다."[1]

아주 간결하다. 실제로도 짧은 생을 살았고, 자기 이야기를 따로 남기지 않아 자세한 것을 알 수가 없다. 자기 시가 남겨지는 것도 원하지 않았다. 자식으로 남매를 두었으나 모두 어려서 잃었다. 남편과 사이가 나빴고 시어머니에게 인정을 받지 못했다는 이야기가 있다. 누이의 이른 죽음을 슬퍼한 동생 허균이 문집에 "살아 있을 때는 부부 사이가 좋지 않더니 죽어서도 제사를 모실 아들 하나도 없이 되었구나. 아름다운 구슬이 깨어졌으니 그 슬픔이 어찌 끝나리"라는 글을 《학산초담》에 남겼다.

허난설헌의 작품은 모두 한시이고, 그 내용은 신선들의 세계를 다룬 '유선시'가 대부분이라 배경지식이 없고 한문을 모르는 나로서는 감상하기가 거의 불가능하지만, 아이들을 잃고 쓴 〈곡자(자식을 곡하며)〉라는 시만은 마음에 많이 와닿는다.

지난해엔 사랑하는 딸을 여의고
올해는 사랑하는 아들까지 잃었네
슬프디 슬픈 광릉 땅
두 무덤 나란히 마주하고 있구나
(줄임)
그래 안다 너희 남매의 혼이
밤마다 서로 따르며 함께 놀고 있음을
비록 뱃속에 아이 있다지만
어찌 제대로 자랄지 알겠는가
하염없이 슬픔의 노래 부르며
피눈물 나는 울음 삼키고 있네[2]

이 시를 썼을 때 허난설헌은 임신 중이었지만 그 아이도
잃었던 것 같다.

허난설헌이 쓴 시는 조선에서는 오랫동안 인정을 받지 못
했다. 유성룡이 《난설헌집》에 "이상하도다. 부인의 말이 아니
다. 어찌하여 허씨 집안에 뛰어난 재주를 가진 사람이 이토록
많다는 말인가?" 하고 감탄하는 발문을 쓰기도 했지만, 허균
이 역모로 처형당한 뒤에 허균뿐만 아니라 그 형제들의 글도
오랫동안 묻히고 말았다.

특히, 조선 사회에 성리학적 가부장제가 점점 더 깊이 뿌리내려 보수화되면서 여성이 시를 썼다는 것 자체를 좋게 보지 않았다. 허난설헌의 시를 아예 동생 허균이 쓴 것이라고 주장하는 이도 있었고, 공부하러 떠난 남편을 그리워하는 〈규원〉이라는 시와, 사모하는 사람에게 연꽃을 따서 던진다는 〈채련곡〉이라는 시를 두고 음탕하다고 비난하기도 했다. 허균 또한 평생 음란하고 도리를 모른다고 비난받았던 것을 생각하면, 허씨 남매는 조선 사회가 받아들이기 어려운 사람들이었나 보다.

허난설헌은 평생 세 가지를 한으로 생각했다는 이야기가 있다. '조선이라는 좁은 땅에서' '여자로 태어나' '김성립의 아내가 된 것'이라 한다. 정말 그런 말을 했는지는 알 수 없다. 어쩌면 후대 사람들이 허난설헌의 삶을 안타깝게 여겨 만들어 낸 이야기일지도 모른다. 여성이 글을 쓰는 것을 곱게 보지 않던 조선에서 태어나, 죽기 전에 평생 쓴 시를 다 태워 버리라는 유언을 남길 만큼 상심했다. 마음껏 공부하고 재능을 펼치던 어린 시절을 보냈지만 여성이기 때문에 혼인한 뒤로는 규방에 갇혔다. 남편과 마음이 맞지 않아 홀로 지내다시피 했으며 아이들도 모두 일찍 세상을 떠났다. 행복한 삶이라 하기는 어렵다. 동생 허균이 아니었다면 그의 이름도 작품도 모두 사라졌을 것이다.

허난설헌이 시를 배우던 어린 시절에 오라버니 허봉이 누

이에게 시를 써 주었다. 〈송필매씨(누이에게 붓을 보내며)〉라는
시로, 참으로 자상하고 다정하다. 이런 시절을 영영 잃어버렸
다면, 상심하지 않을 수가 없었을 것이다.

신선 나라에서 옛날 내려 준 글방 벗
가을날 규중에 보내 경치를 그리게 하네
오동나무를 바라보며 달빛도 그리고
등불을 따라다니며 벌레며 물고기도 그려 보아라
─〈송필매씨〉[3]

조선 시대
뛰어난 예술인

우리나라 사람들이 '기생' 하면 가장 먼저 떠올리는 사람이 누굴까? 두말할 것 없이 황진이라고 생각한다. 언제부터인지 기억도 나지 않지만 조선 시대가 언제인지, 기생이 뭘 하는 사람인지 알기도 전에 황진이 이야기는 알고 있다. '콩쥐팥쥐'나 '장화홍련' 같은 알려진 옛이야기나 다름없으니까 말이다.

내가 처음 들은 황진이 이야기는 '상사병에 걸려 죽은 동네 총각의 상여' 이야기였다. 황진이가 아직 기생이 되기 전, 개성에 사는 예쁜 처녀 황진이를 짝사랑한 동네 총각이 상사병에 걸려 죽고 말았다. 이 총각의 상여가 나가던 날, 상여가 황진이네 집 앞에 딱 멈춰서 움직이지 않았다고 한다.

나는 늘 이 대목이 좀 무섭다고 생각했다. 절절한 연모나 미련보다는 좀 앙심이 느껴지지 않나? '너 때문에 내가 죽었어!' 같은. 어쩌면 상여를 매고 가던 사람들이 일부러 벌인 일인지도 모른다. 마지막 가는 길에 얼굴이라도 한번 보라든가 하는 까닭으로. 하지만 황진이한테는 어느 쪽이든 난처하기 짝이 없는 일이었을 것이다.

열여섯 살 황진이는 평생 살아가면서 그랬듯이 놀라울 만큼 대범했다. 입고 있던 저고리를 벗어 상여에 덮어 주었다. 총각의 넋이 한 일인지, 상여꾼들의 연극인지는 알 수 없지만 상여는 다시 움직였다. 그리고 황진이는 기생이 되기로 결심했다고 한다. 왜? 황진이 생각이야 알 수 없다.

사람들은 처녀가 입고 있던 옷을 벗어 준 것은 그 총각과 혼인한 것이나 다름없으니, 더 이상 '처녀'라고 할 수 없어서 기생이 되었다고들 말했다. '처녀'가 아니니 다른 곳으로 시집을 갈 수도 없고 어쩌구 하는 이야기다. 그렇게 생각하는 게 그 시절 사람들 입맛에 가장 맞았나 보다. 까닭이 뭐가 중요하겠나. 결국 이 이야기가 말해 주는 건 황진이가 산 사람을 말려 죽이고, 귀신도 달랠 만큼 아름다운 사람이었다는 것, 그것뿐인 것 같다. 더불어 정이 많고 대범했다는 것도.

황진이는 이토록 시대를 뛰어넘을 만큼 유명한 사람이지만 언제 태어났고, 언제 세상을 떠났는지는 아무도 모른다. 중종 임금 때부터 명종 임금 때까지 살았다는 정도만 미루어

추측해 볼 수 있다. 부모가 누구인지도, 신분도 알 수 없다. 야사에만 등장하기 때문이다. 뛰어난 시인이었다는데 남아 있는 작품은 한시 네 수와 시조 여섯 수가 전부다. 동시대를 살았던 이름난 선비들이 남긴 문집에 토막토막 일화들이 실려 있을 뿐이다. 그 잘난 양반들이 천한 기생 황진이에 대한 존경과 연모를 아낌없이 드러내는 글을 남겼다는 게 오히려 놀랍다. 조선 시대 기생에 대해 많은 사람들이 예술인 또는 예능인이라는 인상을 갖게 된 것도 황진이 때문이 아닌가 싶다.

황진이는 명기로 이름을 날렸고, 뛰어난 시를 썼으며, 글좀 쓴다고 이름난 양반들과도 어울렸다. 그에 따른 유명한 일화들이 많다. 화담 서경덕의 제자가 된 이야기, 지족선사를 유혹한 이야기, 정승의 아들과 금강산 유람한 이야기까지. 모든 이야기에는 황진이가 얼마나 거침없는 사람이었는지, 신분이나 처지에 얽매이지 않고 하고 싶은 일을 하며 살았는지가 담겨 있다. 아무도 그렇게 살 수 없었던 시절에, 마치 지금 현재를 옛이야기 속 주인공처럼 살았던 황진이는 당시 사람들에게 한 시대를 함께 살아가는 전설 같은 사람이었다.

황진이는 술자리에 불려 가 양반들 비위를 맞춰 주는 일을 했지만, 수준에 맞지 않는 사람들은 대놓고 경멸했다. 다음은 내가 가장 재미있게 읽은 이야기다.

마음에 차지 않는 양반들 술자리에 가면 황진이는 가야금을 한 곡 연주하고 나서 옷 속에 손을 넣어 벅벅 긁으며 이를 잡는 시늉을 했다고 한다. 술맛 떨어지라고. 노래를 시키면 또 제대로 한 곡 뽑아내고는 머리를 긁었다고 한다. 결국엔 흥이 깨져 술자리가 일찍 파하도록 말이다. 일종의 태업이었다.

황진이는 마흔이 넘어 금강산 유람을 가기로 마음먹었다. 조선 시대에 금강산 유람이란 '풍류를 아는 사람이라면 평생한 번은 하고 싶지만 결국 못 하는 꿈' 같은 일이었다. 황진이는 정승의 자제 이생과 함께 길을 떠났다. '굵은 삼베 치마저고리에 망태를 지고 지팡이를 짚고서.' 한 해 뒤에 돌아왔을 땐 두 사람 다 거지꼴이었다나.

여자 혼자 여행하자면 위험한 일이 많을 테니 이생을 '보디가드'로 데려갔구나 싶지만, 여비가 떨어지면 황진이가 승려들이나 양반 유람객들과 잠자리를 하고 양식을 얻어 이생을 먹여 살렸다. 양식이 떨어져 꼬박 하루를 굶은 날은 황진이가 유람 온 양반들 술자리에 끼어들어 흥을 돋워 주고 '내하인이 오늘 아무것도 못 먹었는데 남은 음식 좀 달라' 해서 음식을 얻어다 이생을 먹였다. 그때 사람들은 황진이가 정승의 아들을 '내 하인'으로 만들어 버린 게 얼마나 유쾌했을까.

금강산을 다녀온 뒤, 황진이는 명창 이사종과 여섯 해 동안 함께 살았다. 이사종의 소리에 반해 황진이가 먼저 제안했다고 한다. 세 해 동안은 황진이가 살림에 드는 돈을 다 댔고, 남은 세 해 동안은 이사종이 댔다. 처음부터 여섯 해를 약속하고 시작한 '계약 동거'였다. 두 사람은 꼭 여섯 해를 함께 보내고 헤어졌다.

황진이가 남긴 유언은 '나는 떠들썩하고 사람 많은 곳이 좋으니 산속이 아니라 큰길가에 묻어 달라'였다. 유언대로 황진이는 큰길가에 묻혔다. 이름난 선비들이 숱하게 그 무덤을 찾아가 절을 하고 술을 부었다는데, 황진이 이름이 그 선비들보다 더 오래 남았다.

많은 사람들이 조선 시대 기생을 예술인 또는 예능인이었다고 생각한다. 기예를 익히는 게 의무였으니까. 기생이라는 직업에 그런 면이 있는 건 사실이다. 실제로 기생 가운데 뛰어난 예술가가 있기도 하다. 하지만 기생의 일은 한 가지가 아니었다. 신분에 묶여 성적인 노동과 감정 노동을 평생 강요당하고, 대물림해야 했던 것은 분명하다. 재능이 뛰어나 이름을 날리고 오래도록 기억되는 사람은 드물었다. 그 가운데 한 사람이 석개다.

황진이는 시인이기도 했지만 삶 자체가 예술이고 이야기였다. 반면 석개는 뛰어난 분야가 한 가지로 분명했다. 선조임금 때 살았던 명창이다. 석개의 삶은 선비 유몽인이 문집 《어우야담》에 써서 남겼다.

석개는 한양 대갓집 종이었다. 얼굴은 무척 못생겨서 늙은 원숭이와 같고 눈은 좀대추나무로 만든 살같이 찢어졌다고 한다. 석개는 물 긷는 일을 했는데 날마다 우물가에 가서 나무통을 내려놓고 노래만 부르다가 저녁이면 빈 통을 들고 돌아와 매를 맞았다.

광주리를 들려 나물 캐러 보내면 돌멩이를 잔뜩 주워다가 노래 한 곡 부르고 광주리에 넣고, 또 한 곡 부르고 넣고, 광주리가 가득 차면 노래 한 곡 부르고 들어내고, 또 한 곡 부르고 들어내고. 종일 그 짓만 하다가 결국엔 빈 광주리를 들고 돌아왔다. 매를 맞아도 그 버릇을 못 고치자, 주인댁 마님이 마침내 석개에게 노래를 가르치기로 했다. 소리를 배워 기생이 된 석개는 한양에서 가장 뛰어난 명창이 되었다.

수놓인 안장을 얹은 말을 타고, 비단옷을 차려입고, 날마다 권세 있고 귀한 양반들 잔치에 불려 다니며 노래를 했다. 석개는 큰 부자가 되었고, 늦게 딸을 하나 얻었는데 그 딸도 명창이 되었다고 한다.

유몽인은 석개 이야기에 '세상만사가 모름지기 열심히 노력한 뒤에 이루어지는 것이니 어찌 석개의 노래만 그러하겠는가!' 하고 덧붙였다. 하지만 석개의 성공이 무척이나 드물고 어려운 일이라는 건 유몽인이 더 잘 알지 않았을까? 볼품없는 외모에 물 긷던 어린 종이 재주 하나로 이름을 날리는 게 말이다. 석개 또한 황진이 못지않게 드라마가 될 만한 이야기라고 생각한다. 왜 아직 아무도 만들지 않는지 모르겠지만.

죽은 자는
말이 없다

어릴 때 나는 죽는 게 가장 무서웠다. 어느 날 불현 듯 '엄마, 아빠, 언니가 모두 다 늙어서 죽어 버리고 나 혼자 남으면 어떻게 하나' 하는 생각이 들어 아침부터 저녁까지 내내 울었다. "우리가 다 늙어 죽을 때면 너도 늙어 죽을 테니 걱정하지 말라"고 언니가 위로해 주었다. 이 말에 위로받기는 커녕 더 겁에 질려 버렸다.

'나도 죽는단 말이야?' 모든 사람이 언젠가 죽는다는 건 알았지만, 나도 죽는 줄은 몰랐다. 왜? 난 주인공이니까. 주인 공이 죽으면 이야기는 끝난다. 이야기가 어떻게 끝날 수가 있나? 끝난 뒤에 아무것도 없음, 아무것도 없다는 걸 느낄 나조 차 없음, 그런 일은 받아들일 수 없었다. 무서웠다. 실은 지금도 무섭다. 이제 언젠가 죽는다는 것도, 이야기가 끝난다는 것도 받아들이긴 했지만 그래도 무서운 건 여전하다.

죽는 것 다음으로 무서웠던 건 전쟁이다. 전쟁이 일어나면 나는 죽게 될 테니까. 초등학교 일 학년 때, 그러니까 1981년 12월 28일에 북한이 쳐들어올 거라는 소문이 아이들 사이에 돌았던 게 지금도 기억이 난다. 돌이켜 보면 자라는 내내 전쟁을 두려워했다. 사회 전체가 끊임없이 전쟁을 말했다. 두려워하라고. 두려우면 말을 잘 듣고 고분고분하라고.

아이들이 하던 고무줄놀이 노래들은 거의 다 죽거나 싸우는 내용이었다. 초급 고무줄 노래인 '삼월 하늘'이 그렇다. '삼월 하늘 가만히 우러러보며 유관순 누나를 생각합니다'라는 노랫말이다. 고무줄은 여자아이들이 하는 놀이인데, 유관순 열사는 왜 주야장천 누나였는가를 의심한 적 없었다.

나라를 위해 목숨을 바친다거나, 적과 용감히 싸워 이겨야 한다거나……. 아이들한테 맞지 않는 노래들 같지만 꼭 그렇지도 않다. 아주 어릴 때부터 우리 사회와 문화는 아이들(사람들)에게 한 사람의 목숨(삶)보다 더 중요하고 가치 있는 게 있다고 가르쳐 왔다. 그리고 그 한 사람은 바로 너라고. 왜 그런 거냐고 물어볼 새도 없었다. 그냥 그렇다면 그런 줄 알라는 분위기 속에서 자라고 배워 왔다. 나보다는 내가 속한 집단, 나라, 민족, 공동체가 더 중요하다. 평범한 사람보다는 귀하고 높고 중요한 일을 하는 사람이 더 가치 있다. 그러니까 내가 살고 죽는 건 큰일이 아니란 이야기다. 나는 개인이고 평범한 사람이니까.

그런데 말이다. 나한테는 내가 가장 중하다. 내 목숨이 가장 귀하다. 그래서 나만큼 다른 사람 목숨도 귀하다는 걸 안다. 나라와 민족과 대의를 위해 죽고 싶지 않다는 이야기다. 그런데 그렇게 죽어 간 사람들도 그냥 '한 사람'으로 생각해야 하는 걸까? 왜 그래야만 했을까? 고통스러웠겠지. 우러러보기 전에 생각하게 된다. 죽지 않을 수 있었으면 좋았을 텐데.

우리나라는 참 많은 전쟁을 치렀다. 1592년에 일어난 임진왜란은 일곱 해 동안 이어진 참혹한 전쟁이었다. 이름도 성도 알려지지 않은 많은 사람들이 죽었다. 하나하나 다 이야기되지 못했다. 남아 있는 이야기들도 온전히 죽은 사람들 이야기는 아니었다. 사람이 죽는 순간 이야기는 끝나 버리기 때문이다.

전쟁의 분기점이 된 것은 평양성전투였다. 1592년 유월에 일본군에게 빼앗긴 평양성을 일곱 달 만인 이듬해 일월에 조선과 명나라 연합군이 되찾았고, 이순신이 이끈 바다 전투의 승리와 함께 패전을 거듭했던 전세가 역전되기 시작했다. 평양성이 점령당했던 그 일곱 달 사이 계월향이라는 사람의 이야기가 있다.

계월향은 평양의 기생이었다. 태어난 해는 모른다. 죽은 해는 아마도 1592년 겨울이었을 것이다. 이 사람 이야기는 정식 역사책에 올라 있지 않다. 본인이 남긴 기록도 물론 없다. 이야기로 전해졌고 〈김경서 장군전〉과 〈평양지〉에 실려 있다. 이야기가 여럿이고 내용이 조금씩 다 다르다.

평양성이 적에게 함락된 순간 계월향은 미처 피난을 가지 못했다. 임금과 높은 벼슬아치들은 진작 도망쳤고, 군인들도 모두 성을 빠져나갔는데 계월향은 왜 가지 못했을까? 알 수 없는 일이다. 재난 문자 따위는 받지 못했던 게 분명하다. 계월향은 성에 남아 점령군을 맞았다. 한 이야기에는 일본군 부장에게 '몸을 더럽힌'(이 표현 무척 싫다) 계월향이 복수를 하고 자결할 뜻을 품었다는데 계월향의 생각보다는 이야기를 만든 이의 생각을 더 잘 알 수 있다.

하여튼 여러 이야기들이 다 같이 담고 있는 내용은, 계월향이 일본군 부장 눈에 들어 '애첩이 되었다'는 것이다. 이름이 알려지지 않은 일본군 부장은 계월향을 '총애'했다고 한다. 값비싼 비단과 패물을 선물했고, 계월향은 속마음이야 어찌 되었든 부장의 비위를 맞춰 주고 정성껏 모셨을 것이다. 점령 전에도 '높은 분들' 모시는 게 계월향의 직업이었으니까. 성안 사람들은 계월향이 '왜놈의 첩이 되어 호의호식한다'고 손가락질했다. 그러거나 말거나 목숨은 소중한 거 아닌가?

계월향은 일본군 부장에게 믿음을 얻어 성 밖으로 나갈 수도 있게 되었다. 어느 날, 성을 나온 계월향은 전 조선군 평안도 방어사인 김경서와 만나게 되었다. 우연히 만났다는 이야기, 김경서와 미리 약속이 되어 있었다는 이야기, 계월향이 이전부터 김경서의 애첩이었다는 이야기도 있다. 어떤 게 사실인지는 알 수 없지만. 두 사람은 만났고 계월향은 일본군 소식을 김경서에게 전해 주는 간첩이 되었다. 그리고 마침내 김경서를 몰래 성안으로 들여 일본군 부장을 암살하게 했다.

미리 약속을 하고 부장에게 술을 먹인 뒤 김경서를 들였다고도 하고, 김경서를 오라비라고 속여 부장과 함께 술자리를 하게 했다고도 한다. 어쨌든 약속한 그날, 김경서는 성안에 숨어들어 일본군 부장의 목을 베었다. 부장의 목을 챙겨서 무사히 성을 탈출했고, 계월향은 길잡이가 되어 주었다.

하지만 김경서는 계월향을 챙기지 않았다. 두 가지 이야기가 있다. 계월향이 김경서에게 짐이 되기 싫어서 스스로 목숨을 끊었다는 이야기와 김경서가 부장의 목을 벤 뒤에 계월향도 죽이고 혼자 탈출했다는 이야기다. 둘 다 잔인한 이야기다. 계월향이 성을 나가지 못하고 죽었다는 것만이 분명한 사실이다. 김경서가 일본군 부장의 목을 가지고 조선군 진영에 돌아간 것도 사실인 것 같다. 아마도 김경서가 계월향을 죽이지 않았을까? 의심이 들지만, 그랬다는 이야기 안에서도 김경서를 잔혹하고 신의가 없다고 비난하는 말은 없었다.

나라를 위해 한 일이라서일까? 계월향이 그리 중요하지 않은 사람이기 때문일까? 계월향이 자결을 했다면, 그 까닭은 뭘까? 적에게 몸을 더럽혀서? 수치스러워서? 그 시대 사람이니까 그렇게 생각할 수도 있다. 수치스러워할 일이 생길까 봐 미리 목숨을 끊은 '열녀'들이 수두룩했던 시절이었으니까. 하지만 계월향은 기생이었고, 천민이었고, 나라가 버리고 간 백성이었다. 목숨을 구하려고 적군의 첩이 된 게 죽어야 할 만큼 부끄러울 일인가? 물론 이건 내 생각일 뿐이다. 계월향은 사백여 년 전에 살았던 사람이니까.

계월향은 왜 김경서를 도왔을까? 조선 사람으로서 나라를 구하려는 마음일 수도 있고 김경서를 사랑해서였을 수도 있다. 어쩌면 일본군이 쫓겨나고 조선군이 평양성을 되찾았을 때, 일본군 부장의 '애첩'이었던 자기가 어떻게 될지 생각하지 않았을까? 과연 계월향이 무사했을까?

평양에는 계월향을 기리는 사당이 있고, 계월향은 '의기'라는 이름을 얻었지만 기생인 데다 적에게 '몸을 더럽힌' 여자라는 까닭으로 후대의 선비들은 계월향을 '의롭다'고 평가하기를 주저했다고 한다. 참 의롭지 못한 이야기다.

서로 애정하며 나눈 글

미암 유희춘과 그의 아내 송덕봉은 16세기에 살았던 조선 시대 사람들이다. 두 사람은 유희춘이 스물넷, 송덕봉이 열여섯 되던 해에 혼인하여 마흔 해 넘게 해로했다.

유희춘은 스물여섯 살에 과거에 급제해 관직에 나갔으나 '양재역 벽서 사건'에 연루되어 함경도 종성에서 스무 해 동안 귀양살이를 했다. 1567년, 선조가 즉위한 뒤 사면되어 경연관인 정오품 홍문관 교리에 제수되었다. 쉰이 넘은 나이에 다시 벼슬길에 오른 유희춘은 그 뒤로 쭉 순조롭게 관직 생활을 했다. 홍문관 교리, 홍문관 부제학, 사헌부 대사헌, 전라감사를 지냈고 벼슬에서 물러난 뒤에는 전라도 담양과 가까운 창평에 집을 지어 아내와 함께 한가롭게 노년을 보냈다.

간추리면 유희춘은 그 시절 뛰어난 학자였고, 스무 해 동안 귀양살이라는 정치적인 고난을 겪은 뒤 여러 관직을 두루 거친 양반 관리였다. 하지만 이 사람이 이룬 가장 큰 업적이자, 후대에도 길이 남을 유산은 다름 아닌 일기다. 유희춘은 쉰다섯 살 되던 해부터 세상을 떠날 때까지 열한 해 동안 거의 하루도 거르지 않고 일기를 썼다. 그리고 이것은 열한 권에 이르는 〈미암일기〉가 되었다. 이 일기에서 유희춘은 16세기 양반 관리의 삶을 세밀하게 기록했다. 정치사부터 가정사까지, 자기 둘레에서 일어난 수많은 일들을 적었다. 왕실 소식, 정치 동향, 경연에 관한 기록, 집안 살림의 수입과 지출, 이사, 집수리, 건축, 혼례, 집안 잔치부터 아내와 아들, 딸, 손자, 사위, 첩, 첩이 낳은 서녀들 생활까지 꼼꼼하게 적어 남겼다. 그의 삶을 바로 곁에서 들여다보는 듯하다.

지금 남아 있는 〈미암일기〉 열한 권 가운데 열 권은 일기고, 다른 한 권은 유희춘과 그의 아내 송덕봉이 주고받은 시와 편지를 모은 부록이다. 유희춘은 재능이 뛰어났던 아내가 쓴 시 서른여덟 수를 묶어 〈덕봉집〉을 만들기도 했다. 이 책은 지금 남아 있지 않지만 〈미암일기〉 부록에 덕봉이 지은 시와 편지가 실려 있다. 이 기록으로 시인 송덕봉이 후세에 알려지게 되었으니, 이 또한 유희춘이 세운 큰 공이다.

송덕봉은 전라도 담양에서 태어나 열여섯 살에 유희춘과 혼인했다. 조선 전기 풍속을 따라 담양 본가에서 지내며 아이를 낳아 길렀다. 남자가 장가들어 처가살이하던 풍습은 17세기 이전에는 일반적이었다. 송덕봉의 딸과 사위도 내내 한집에서 살았다. 며느리는 친정에 머물렀고 아들은 처가와 본가를 오가며 지냈다. 유산도 아들딸에게 고루 나누었고 제사도 돌아가며 모셨다. 성리학적 가부장제가 사회를 강하게 지배하기 전이었다. 송덕봉은 대가족의 안주인으로 집안의 크고 작은 일을 책임졌다. 자기 앞으로 물려받은 논밭과 노비가 있었고, 자기 부모 제사도 손수 모셨다. 가문과 재산이 뒷받침한 덕이 크겠지만, 당당하고 적극적인 여성이었다.

유희춘은 일기에 아내 송덕봉의 일상생활을 상세하게 적었다. 이를테면 아내와 주고받은 이야기, 아내가 일러 준 시 짓는 방법, 아내가 도와준 서책 정리, 아내의 병과 치료 과정, 아내와 딸의 나들이, 아내가 꾼 꿈, 두 사람이 주고받은 편지와 시 들이다. 16세기를 살았던 송덕봉이라는 한 여성을 가장 가까운 곳에서 존경과 애정을 담아 그려 냈다. 세상 떠난 이를 추모하는 행장이나 묘비문과 다르게 한 사람이 살아가는 모습을 보여 준 것이다.

송덕봉이 어떤 사람인가는 〈미암일기〉 부록에 실린 편지글 두 편을 보면 또렷이 알 수 있다. 첫 번째는 1570년쯤에 서울에서 홀로 벼슬살이하는 남편에게 보낸 긴 편지다. 유희춘은 당시 홍문관 부제학을 지내며 아내에게 자주 편지와 시를 적어 보내곤 했다. 이때 자신이 무려 넉 달 동안이나 홀로 지내며 여색을 가까이하지 않았으니, 당신에게 큰 은혜를 베푼 것 아니냐며 생색내는 어이없는 편지를 보냈다. 요즘 가치관으로는 이 무슨 멍멍이 소리냐는 말을 듣겠지만, 타지에서 관직 생활을 하는 관리의 잠자리 수발을 드는 관기들이 관청에 딸려 있던 시절이었다. 당연히 관기와 잠자리를 할 수 있지만 하지 않고 당신에게 의리를 지켰으니 고맙지 않느냐는 이야기다. 이에 덕봉이 긴 답장을 한다. 유희춘은 또 이를 그대로 일기에 실었으니, 참 장한 양반이다.

덕봉이 보낸 답장은, "나에게 큰 은혜라도 베푼 양하니 참 고맙기도 하구려"로 살짝 비꼬며 시작한다. 이어서, "군자가 행실을 닦고 마음을 다스림은 성현의 밝은 가르침인데 어찌 아녀자를 위해 힘쓴 일이겠소" 하는데, 네가 행실을 바로 하면 너에게 좋은 일이지 그게 왜 나를 위한 것이냐는 뜻이다. 겨우 몇 달 여색을 멀리했다는 것을 자랑하며 남이 알아주길 바라는 것은, 오히려 마음이 아주 담담하고 결백한 사람은 아니라는 증거라고 일침을 놓았다.

그리고 "나도 또한 당신에게 잊지 못할 공이 있으니 가볍게 여기지 말라" 하는데, 그 공이란 바로 유희춘이 귀양살이 하는 사이에 홀로 집안을 돌보며 시어머니를 모셨고, 돌아가신 뒤 장례를 치르고 제사를 모실 때 친자식보다 더 정성을 다했다는 것이다. "내가 당신에게 한 이런 지성스러운 일이야말로 잊기 어려운 것인데, 몇 달 당신이 혼자 잠을 잔 것과 내가 한 것 가운데 어느 것이 가볍고 어느 것이 무겁겠소"라고 덕봉은 썼다. 편지를 받고 유희춘은 "부인의 말과 뜻이 다 좋아 탄복을 금할 수 없다"고 말했다.

두 번째 편지는 덕봉의 아버지 묘에 비석을 세우는 일에 관한 내용이다. 유희춘이 전라감사를 지낼 때, 덕봉은 아버지 묘지에 비석을 세우려고 돌을 구해 친정인 담양까지 옮겨 놓은 다음, 나머지 공사를 유희춘이 도와주기를 바랐다. 유희춘은 집안일이니 형제들끼리 추렴하여 하라며 거절했고, 이에 덕봉이 긴 편지를 보내어 설득했다. 유희춘은 감사 자리에 있으면서 사적인 일에 힘쓸 수 없다는 주장이었다. 옳은 말이긴 하다. 그런데 재미있는 것은 유희춘이 이전에도 공과 사를 칼같이 구분하는 청렴한 관리였는가 하면 꼭 그렇지는 않았다는 거다. 조선 사회에서는 가문과 인맥, 혈연과 학연으로 많은 일들이 이루어졌다. 유희춘이 벼슬을 그만두고 식구들과 함께 담양으로 내려가 살 때도 담양부사가 곡식과 땔감, 반찬거리 같은 것을 수차례 선물했고, 새 집을 짓거나 농사를 위해 보를 쌓을 때 군사들을 일꾼으로 보내 주었다.

이 모든 것을 당연하게 누리며 살다가 장인 무덤에 비석을 세울 때는 '사사로운 일'이라 도울 수 없다고 하니 덕봉은 아마도 화가 났을 것이다. 하지만 화를 내는 대신 설득을 했다. 〈착석문 서〉와 〈착석문〉이라는 글 두 편으로. 〈착석문 서〉에서는 아버지가 남긴 유언, 비석 세우는 일의 진행 과정, 유희춘에게 도움을 청했다가 거절당한 경위를 차근차근 짚었다. 그리고 유희춘이 마음을 돌리기를 바라며 후손에게 이 일을 알리기 위해 글을 쓴다고 밝혔다. 이어 〈착석문〉에서는 아버지를 기리는 마음과 비석을 세우지 못하는 안타까운 마음을 토로하며 유희춘에게 호소한다. "당신의 맑은 덕행에 누가 될까 봐서 그런 것이오, 처부모에게 차등을 두어 그런 것이오?" 묻고는 우리 아버지께서 당신이 장가오던 날 어진 사위를 얻었다고 몹시 좋아했던 것을 기억하느냐, 당신과 내가 지우로서 백 년을 함께 늙자고 했으면서 고작 사오십 말의 쌀이면 될 일을 이리 귀찮게 여기니 통분하여 죽고 싶다며 원망했다. 결국 유희춘은 이 편지를 받자마자 석수 두 명과 일꾼 열 명을 보냈고 연장과 반찬거리, 품삯도 마련해 주어 근 한 달만에 처부모 무덤 앞에 비석을 세우고 제사를 지냈다. 이 일을 이뤄내는 데에 감사라는 자리를 십분 써먹었음은 물론이다.

유희춘은 자기가 쓴 일기를 이토록 오랜 세월이 지나 지금 사람들이 읽게 될 줄 알았을까? 유희춘의 일기는 지극히 솔직해서, 고매한 학자이자 강직한 선비의 모습보다는 지방관들이 보내 주는 선물에 기뻐하고 살림을 늘리려고 궁리하는 조선 시대 양반 관리이자 지주의 모습을 그대로 보여 준다. 또한 시를 주고받으며 일상을 나누는 부부, 당당하게 권리를 주장하는 여성의 모습, 16세기 양반 집안 풍속과 살아가는 모습들이 무척이나 재미있다. 한번 읽어 보기를 권한다.

용감하게 지켜 낸
삶의 기록

지금으로부터 약 사백여 년 전인 1636년 십이월 어느 날, 예순세 살 노부인은 갑자기 피난길에 올라야 했다. 임금을 모시고 남한산성에 들어간 남편이 '짐 부칠 생각 말고 한시 빨리 피난하라'는 기별을 보내왔다. 이 노부인은 인조 임금 때 좌의정을 지낸 남이웅의 부인 남평 조씨였다. 그해 십이월 청나라 대군이 조선을 공격해 왔고 미처 방어할 새도 없이 인조는 남한산성으로 피했다. 싸워 보기도 전에 전쟁은 패배로 끝나 가고 있었고 백성들을 보호해 줄 조정은 존재하지 않았다. 목숨을 지키려면 피난을 가야 했다. 어디로 어떻게 가야 할지 모두 각자 알아서 해야 했다. 고위 관리의 부인으로 한양에서 큰살림을 꾸리던 안주인 남평 조씨는 남편의 말대로 가재도구를 모두 버려두고 사람들만 챙겨서 피난을 떠났다. 친인척과 집안 연고가 있는 고을을 옮겨 다니며 피난 생활이 시작됐다.

전쟁은 두 달 만에 끝났다. 그러나 피난 생활은 세 해가 넘도록 이어졌다. 인조가 항복한 뒤 세자와 대군을 비롯해 많은 조선 사람들이 청나라로 끌려갔다. 남평 조씨의 남편 남이웅도 세자를 따라 청나라로 가서 한 해 반 동안 머물러야 했다. 남편이 돌아와 한양 집으로 부르기 전까지 부인은 서산, 당진, 여산, 충주 등에서 피난살이를 했다.

먹고 입고 잠자는 모든 것이 불편한 것은 물론이다. 남한산성에 들어간 남편의 신변에 무슨 일이 일어날지 알 수 없었다. 살아서 다시 만날 수 있을지, 자신과 식솔들의 안전도 장담할 수 없다. 처음 피난 가려 했던 고을에 이미 적군이 들어왔다는 소식을 듣고 급히 행선지를 바꿔야 한 적도 있었다. 부인에게는 의지할 자식도 없었다. 다섯 자녀를 낳고 며느리까지 보았지만 모두 병으로 잃었다.

한양에서 함께 피난한 식구들은 서자 내외와 집안의 하인들이었다. 부인은 이 사람들을 의지하는 동시에 책임도 져야 했다. 예순셋의 나이에 갑자기 만난 이 위급하고 고통스러운 상황 속에서 부인은 자신이 해야 할 일들을 침착하게 해냈다. 그리고 일기를 썼다. 급하게 피난길에 오르던 날부터 삼 년 십 개월 동안 거의 하루도 빼놓지 않고 자신과 둘레 사람들의 삶을 기록했다. 이 일기가 오랜 세월을 견디고 우리에게 전해졌다. 부인이 직접 지은 제목은 《숭정병자일기》다.

첫날 쓴 일기다.

"저물 때에 일봉이가 남한산성으로부터 나오면서 영감의 편지를 가져왔다. 그 편지에 기별하시기를 일이 급하게 됐으니 짐붙이는 생각지도 말고, 밤낮을 가리지 말고 청풍으로 가라고 하셨다."[4]

이 무렵 이미 부인은 귀중한 짐을 챙기고 양식도 넉넉히 찧어 조만간 피난할 마음을 먹고 있었다. 그러나 저녁 무렵 남한산성에서 기별을 받자 시간을 더 끌 수 없었다. 그날 밤 삼경(밤 11시~새벽 1시)에 뒤주 하나만 가지고 길을 떠났다. 만삭인 여종 덕생이가 울면서 데려가 달라고 매달렸지만 길을 가다 아이를 낳으면 죽게 될까 걱정되어 근처 다른 종의 집으로 피하라고 이르고 두고 떠난 일을 부인은 일기에 적었다. 덕생이가 그 뒤 어찌 되었는지는 다시 나오지 않는다. 의지할 곳은 주인댁뿐일 텐데, 데려가 달라고 울며 매달린 심정도 안타깝고, 길에서 아이를 낳다 죽을까 걱정되어 두고 간 부인의 마음도 느껴졌다. 전쟁이 특히 약자에게 얼마나 참혹한 일인지 그때나 지금이나 다를 것이 없다.

밤새 눈길을 걷다가 몇몇 식구들을 잃어버리고 찾지 못해

발을 동동 구르기도 했다. 친척들과 함께 피난하다가 각각 다른 곳으로 떠나며 헤어질 때는 다시 볼 수 있을까 섭섭하고 두려웠다. 옛 종의 집에서 하루 이틀씩 묵기도 했고 먼 친척 집에서 따뜻한 위로와 대접을 받기도 했다. 대나무로 움집을 지어 잠을 자고 눈을 녹인 물을 마시고 바닷물로 쌀을 씻어 밥을 지어 먹은 날도 있었다. 먼 길을 걸어온 종들이 병이 나면 나을 때까지 떠나지 못하고 기다렸다. 이렇게 서산과 당진을 거쳐 서너 달 옮겨 다니다가 부인의 친척들이 사는 여산으로 가서 한 해 동안 머물게 된다. 남편 남이웅은 세자를 모시고 청나라 심양으로 간 뒤 소식이 닿지 않을 때였다.

부인의 일기는 지극히 사소한 일상의 기록이다.

"5월 15일. 맑았다. 강릉으로 사람이 갔다. 벗고개 논에 가래질하러 또 사람 셋이 갔다."[5]
"1월 5일. 비가 왔다. 진사댁이 다녀갔다."[6]

이런 식이다. 날짜와 그날의 날씨만 기록한 날도 있다. 글투는 간결하고 담담하다. 불안하고 막막하고 서러운 심정을 토로할 때도 담담하다. 피난 초기에 쓴 일기에 이런 구절이 있다.

(줄임) "밤낮으로 남한산성을 바라보며 통곡하고 싶을 뿐

이었다. 마음속으로 참으며 날을 보내니 살아 있을 날이 얼마나 되랴. 그래도 질긴 것이 사람 목숨이니 알지 못할 일이다. 한번에 자식을 다 없애고 참혹하여 서러워하더니 지금은 다 잊고 다만 남한산성을 생각하는가? 망국 중에 나라가 어떻게 된 일을 부녀자가 알 일이 아니지만 어찌 통곡하고 또 통곡하지 아니하리!"⁷

　이 일기를 쓴 날은 무인도에서 노숙을 하며 마실 물을 구하지 못해 바닷물에 쌀을 씻어 눈 녹인 물로 밥을 지어 먹던 날이었다. 남편의 생사를 확인할 수 없고, 자신은 식구들과 함께 위태로운 피난길에 고립되어 있으며, 다섯 자식 가운데 단 하나도 살아서 곁에 있지 않다는 사실이 더욱 슬프고 막막하게 느껴졌을 것이다. 부인의 나이는 예순셋, 몸은 아프고 근심은 크고도 무거웠을 것이다. 이날 부인이 붓을 들어 참혹하고 서럽고 통곡하는 심정을 일기에 남겼다는 것만으로도 부인이 얼마나 대범하고 의지가 굳은 사람인지 알 수가 있다. 큰 고난을 당해 슬퍼하고 고통스러워하는 것과 슬프고 고통스러운 심정을 기록하는 것은 전혀 다른 마음 자세를 드러낸다. 붓을 들어 일기를 쓰며 부인은 슬픔과 고통에 매몰되지 않고 자신과 식구들의 삶을 지키는 길을 선택했다. 자신이 어찌할 수 없는 고난 속에서 하루하루 일상을 지켜 내는 것은 커다란 용기가 없으면 할 수 없는 일이다.

사람의 일상은 먹고 잠자고 일하고 다른 사람을 만나는 일의 연속이다. 부인은 이 부분을 참으로 세세하고 정성스럽게 일기에 기록했다. 이런 점이 또한 《숭정병자일기》를 읽는 재미를 더해 준다. 그날 찾아온 친지들, 그들이 가져온 음식, 그들과 함께 마신 술잔의 수까지 기록했다.

"가끔 흐리고 비가 왔다. 조카들이 왔으니 든든하기를 다이르랴. / 두경댁에서는 술과 떡과 안주를 각별히 많이 하여 왔었다. / 조별좌 댁에서 약주 한 병 보내왔다. / 귀하게도 민어를 한 마리 가져다주셨다. / 남원에서 우리에게만 문어와 도미와 홍합을 보내셨다. / 금산에서 고리, 키, 장 두 말, 꿀 두 되, 포육 두 접, 말린 꿩고기 세 마리를 보내셨다. / 약주 한 병 보내셨다. 조카님네들이 모여 다 여섯 잔씩 먹었다."

일기에는 이런 기록이 이어진다. 피난한 곳마다 부인의 친정과 시가 친척들이 가까이 살아서 음식과 잠자리를 마련해 주고 생필품을 챙겨 주며 정성스럽게 부인을 위로했던 모습을 볼 수 있다. 부인의 인간관계는 무척 넓고 깊었다. 요즘 사람들은 이런 관계 맺기가 불가능할 것이다. 가족의 범위가 훨씬 넓었고 거의 모든 사회경제적 활동이 가족 관계를 중심으로 이루어졌던 시대에, 부인은 친자식 하나 없는 외로운 사람이 아니었다. 부인이 대가족을 이끌고 세 해 동안 피난 생활을 무사히 할 수 있었던 것은 부인이 맺고 있는 사회적 관계 덕분이었고, 부인이 그 관계를 성실하게 성공적으로 경영할 능력이 있었기 때문이었다.

간결한 일상의 기록 속에서 부인이 유독 길게 심정을 토로하는 일기를 쓴 날은 대부분 일찍 세상을 떠난 자식들의 생일이나 기일이었다.

"4월 5일. 맑았다. 천계의 기일이라 제사를 지내고 나니 새삼스러운 마음이 그지없다. 어찌 내 자식들은 사람 일을 알 만하여 죽었나 하니 더욱 섧다. 어려서 죽은 아이들은 생각도 아니 한다고 하겠지만 두 아들은 십삼 년, 이십오 년씩 나를 빌려 모자 되어 살뜰히 사랑하며 살다가 다 죽으니 알지 못할 일이로다. 나를 무슨 죄 때문에 이렇게 간장을 태우게 하시는가? 어느 날 어느 시에나 마음이 누그러져 풀릴까? 내가 인간 세상을 버린 후에야 잊을까 한다."[8]

맏아들의 기일에 쓴 일기다. 부인의 다섯 자식들 가운데 셋은 어릴 때 죽었고, 두 아들은 각각 열세 살, 스물다섯 살에 세상을 떠났다. 부인은 자식들과 며느리들의 생일과 기일에 빠짐없이 제사를 지내며 슬픔과 그리움을 일기에 담았다. 죽어서나 잊을 수 있을 것 같은 아픔이지만 곁에 두고 견디고 곱씹으면서도 자신이 해야 할 일을 해내며 살아간다.

부인의 피난살이는 세 해 하고도 열 달 만에 끝이 났다. 남편 남이웅이 심양에서 돌아오자 부인도 한양 집으로 돌아온다. 부인은 일흔두 살에 세상을 떠났다. 부인의 일기는 긴 세월을 견뎌 내고 남아 지금은 많은 사람들에게 읽힌다. 세상에 내놓아도 부끄럽지 않은 글이지만 부인은 아마 상상하지도 못했을 것이다.

《숭정병자일기》를 처음 접했을 때 글쓴이 나이가 예순세 살이고 자식들을 모두 먼저 보낸 노부인이라는 사실에 잠깐 이런 생각을 했다. 무슨 희망을 가지고 그 시간을 버텼을까? 좌의정을 지낸 이의 부인이니 가난하고 힘없는 백성들과 처지가 다르겠지만, 부인의 처지가 너무나 적막하게 느껴졌다. 세 해 동안 피난살이를 하며 자신의 피붙이는 하나도 없는 대가족을 건사하고 피난지에서 농사를 지어 살림을 꾸리고 날마다 일기를 쓰는 그 마음이, 그 의지가 어디에서 나왔을까? 지금도 다 짐작할 수는 없다. 다만 슬퍼하고 기뻐하고 감사하고 의무를 다하며 하루하루를 살아가는 것이 큰 용기임을 알 것 같다.

나는 이 사람이 겪은 일에 견주면 아주 작은 좌절을 겪을 때도 걸핏하면 '희망이 없다, 죽고 싶다, 살아서 뭘 하나' 하는 생각을 하고 일상생활을 방치하며 '내가 지금 힘들다'는 생각에서 빠져나오지 않으려 하곤 했다. 방 청소를 하고 식사 준비를 할 용기를 내기가 얼마나 힘든지 나는 알고 있다.

남평 조씨

전쟁은 군인의 일인 것처럼 생각하지만 실은 그렇지 않다. 무기를 들 수 없는 사람들이 더 많이 죽는다. 일상이 파괴되는 것은 때로 죽는 것만큼이나 비참하고 고통스럽다. 가장 두려운 것은 언제 끝날지, 끝이 나기는 할지 알 수 없는 것이다. 내가 어린 시절에 두려워했던 전쟁은 단지 총에 맞거나 폭격을 당해 죽는 것이었다. 지금은 파괴된 삶이 복구될 희망을 잃는 것이 가장 두렵다. 사백여 년 전, 남평 조씨 또한 이 전쟁이 언제 끝이 날지, 자신과 식구들이 과연 무사할 수 있을지 예측할 수 없었을 것이다.

덕생이가 부디 무사히 출산하고 몸을 피했기를 바란다. 죽은 자식들을 생각하며 슬퍼하던 부인이 피난지에서 남편의 첩이 아들을 낳았을 때 '아이를 보니 측은한 마음이 든다'고 일기에 썼던 것이 마음에 오래 남는다. 따뜻한 마음이다. 그런 마음을 지니고 사는 것이 가장 용감한 것이 아닐까 생각한다. 부인의 일기는 전쟁이라는 큰 재난 속에서 성실하고 담대하게 일상을 지켜 낸 큰 용기의 기록이다.

잘 벌어서 잘 쓴
제주 여성

김
만
덕

새해 덕담으로 '부자 되세요'라는 말이 유행하던 때가 있었다. 요즘엔 의미도 재미도 없는 말이 됐다. 부자 될 사람은 오래전에 이미 됐고, 부자가 못 된 사람은 앞으로도 영원히 될 수 없다는 걸 이미 다 알고 있기 때문일까?

몇 해 전 보습 학원 강사 하던 시절에, 초등학교 4학년 아이가 '선생님은 꿈이 뭐예요?' 하고 묻길래 '부자가 되는 것'이라고 대답한 적이 있다. 농담처럼 한 말이지만 진심이었다.(규모가 좀 소박할 뿐 내 꿈은 늘 '부자'가 되는 것이었다.)

내가 되고 싶은 '부자'는 '돈 때문에 불안에 떨지 않고 쓸 만큼은 안정되게 벌며 사는 사람' 정도로 아주 소박한 바람이기 때문에 잘만 하면 이루지 않겠나, 생각했다. 하지만 지금은 그 '부자'가 결코 소박한 게 아니란 걸 안다. 몇 해 전 일곱 달 동안 기간제 노동자로 일하면서 느꼈다. 이 직장을 구하기 전보다 두 배 넘게 벌고 있지만 돈 걱정은 단 1퍼센트도 덜하지 않는다는 것을. 더 벌수록 걱정도 더해 갔다. 신기하게도 돈을 써야 할 곳은 수입에 맞춰서, 좀 더 빠르게 늘어났다.

나는 부자의 자질을 타고나지 못했다. 그래서 배포와 자질을 타고난 부자 이야기를 하려고 한다. 잘 벌었고 잘 썼던 제주도 사람 김만덕 이야기다. 나는 어릴 때 제주도에서 자라서 김만덕보다는 '만덕 할망'이 더 친숙하다.

김만덕은 1739년 제주에서 태어났다. 아버지가 육지와 제주를 오가며 장사하던 상인이었다 하니 아주 가난한 집안은 아니었던 것 같다. 하지만 열한 살 때 장삿배가 풍랑에 난파되어 아버지가 목숨을 잃었고, 이듬해 어머니도 세상을 떠났다. 만덕은 외삼촌 집에 맡겨졌다가 얼마 뒤 은퇴한 관기(궁중 또는 관청에 속하여 가무, 기악 따위를 하던 기생) 월중선이 데려다 기르게 되었다. 그리고 몇 해 뒤 관기가 되어 기적(기생들을 등록해 놓은 대장)에 올랐다.

양인 신분으로 부모를 잃기 전에는 집안도 어렵지 않았고, 친척들도 가까이 사는데 만덕이를 퇴기 월중선에게 맡기게 된 사정이 뭘까 생각해 보았다. 아버지 배가 난파해서 크게 손해를 봤거나 빚을 지게 됐을지도 모른다. 만덕에게는 오빠가 둘 있었는데, 외삼촌 집에서 삼 남매를 모두 맡는 게 부담스러웠을 수도 있다. 고아인데다 여자아이니 기생이 되는 게 낫겠다고 친척들이 생각했을 수도 있다. 맡아 기르다 보면 시집도 보내야 하고 이래저래 부담이 될 테니까.

어쨌든 만덕은 양인에서 천인으로 신분이 내려간 셈이고, 이건 작은 일이 아니었다. 자기뿐만 아니라 후손에게도. 그래서 만덕이 스무 살에 기생을 그만두게 된 것은 무척 예외적인 일이었다. 관기란 직업이자 신분이었기 때문에 나이 쉰이 되어 은퇴하기 전에는 그만둘 수 없었고, 딸이 있다면 그 뒤를 이어야 했다.

채제공이 지은 〈만덕전〉에는 만덕이 '본디 양인인데 어쩔 수 없이 관기가 되었으니 부디 양인 신분을 돌려 달라'고 관청에 울며 호소했다고 쓰여 있다. 글쎄? 그게 간곡하게 호소하면 되는 일인가? 다른 기록에는 만덕이 당시 제주 목사 신광익과 판관 한유추를 찾아가 부탁하였고, 그들이 결정을 내려 주었다고 되어 있다.

내 생각에 만덕에게는 윗선에 꽤 든든한 줄이 있던 것 같다. 관기는 천인이지만 권력이 있는 양반들을 상대하는 사람이다. 개인적으로 친분을 쌓을 기회도 있고, 잘만 하면 재산을 모을 수도 있었을 것이다. 아마 김만덕도 관기 시절 그런 연줄을 만들고, 재산도 꽤 모았던 것 같다. 높은 분들과 신분 문제로 거래를 하는데 든든한 '뒷배'와 충분한 '성의 표시' 없이 눈물로만 호소했을 것 같지는 않다. 관기 신분에서 풀려난 뒤 만덕이 택한 길이 장사인 걸 봐도 그렇다. 밑천이 있어야 장사를 할 수 있지 않겠나.

역시 〈만덕전〉에 따르면 양인이 된 뒤 만덕은 '비록 살림을 차려 탐라의 사내들을 머슴으로 부렸지만 남편으로 맞지는 않았고 재산 증식에 재주가 있어 물가에 맞춰 물건을 사들이기도 하고 내놓기도 하였다'고 한다. 만덕은 기생을 그만두고 나서 집을 구해 살림을 차렸지만 혼인은 하지 않고 독신으로 살았다. 그리고 배를 사서 장사를 시작했다.

제주에는 논이 적어 늘 쌀이 부족했기 때문에 주요 거래 품목은 쌀이었다. 육지에서 쌀을 들여오고 제주에서 나는 말총, 미역, 전복, 우황, 진주 들을 내다 팔았다 한다. 기생 시절 경험으로 양반 여성들을 대상으로 한 화장품과 옷감, 장신구 같은 것도 들여다 팔았다. 객주를 차려 육지와 제주를 오가는 상인들의 거래도 중개했다.

문인 심노숭의 〈계섬전〉을 보면 만덕이 객주를 차려 육지에서 온 상인들 바지저고리까지 벗겨 먹으며 재산을 모았다는 소문이 자자했다고 쓰여 있다. 육지에서 장사하러 왔다가 만덕네 객주에서 패가망신한 이가 한둘이 아니었고, 만덕네 집엔 이들한테서 벗겨 낸 바지저고리가 수백 벌 넘게 있었다나. 어쨌든 만덕이 타고난 사업가였고 제주에서 큰 재산을 모았다는 이야기다. 과부도 기생도 비구니도 아닌 독신 여성이었다는 것도 그 시절엔 남다른 점이다. 몇 놈을 벗겨 먹었건

간에 한 놈도 데리고 살지는 않았다고 하니까.

큰 부자가 된 김만덕은 조카를 양자로 들이고 일가친척에게 베풀며 여유롭게 살다가 쉰일곱 나이에 그 이름을 길이길이 남길 일을 하였다. 정조 19년(1795년) 제주에 큰 흉년이 들었다. 세 고을에서 칠백여 명이 굶어 죽었고, 조정에서는 열두 척 배에 쌀을 실어 보냈지만 폭풍에 다섯 척이 난파되었다. 정조 14년부터 가뭄과 태풍으로 해마다 농사를 망쳐 이미 몇 차례 구휼미를 보냈지만 큰 보탬이 되지 않았다.

이때 김만덕이 평생 모은 재산을 내어 배를 사고 육지에서 쌀 오백여 석을 사들였다. 이 쌀은 무사히 제주에 도착해서 구호 식량으로 쓰였다. 한 석은 한 말의 열 배고 쌀 한 석은 약 144킬로그램이다. 오백 석이면 72톤이 된다. 만덕은 '제주 백성을 살렸다'는 칭송과 존경을 담은 '만덕 할망'으로 불렸다.

당시에는 흉년에 큰 재산을 내어 백성을 구한 사람에게 나라에서 벼슬을 내렸다. 그런데 여자인 만덕은 벼슬을 할 수가 없어서 다른 소원을 들어주기로 했다. 만덕이 바란 것은 재산도 신분 상승도 아니고 바로 '임금님 알현과 금강산 유람'이었다. 그리고 바람이 이루어졌다.

만덕은 태어나서 처음으로 제주를 벗어나 육지로 나갔다. 제주 여성에게는 본디 금지된 일이다. 한양에서 임시로 내의관 의녀 벼슬을 받아 임금을 만났다. 벼슬이 없는 상사람은 원칙대로라면 궁궐 출입을 할 수 없기 때문이다. 임금이 만덕의 손을 잡고 치하했다.(만덕은 그 손을 비단 수건으로 싸매고 한동안 씻지도 않았다나.) 중전과 임금의 생모인 혜경궁도 만났다. 조정에서 한양에 마련해 준 거처에 지내면서 당시 내로라하는 문인, 선비, 벼슬아치 들을 줄 세워 만났다. 많은 이들이 만덕의 이야기를 쓰고 초상을 그리고 시로 지었다.

한 해를 그렇게 한양에서 유명 인사로 지낸 뒤 1797년, 마침내 조정에서 금강산 유람을 보내 주었다. 그 당시 인기 관광지였던 금강산 이곳저곳을 빠짐없이 둘러보고 난생처음으로 불상 앞에서 절도 해 보았다.(채제공의 〈만덕전〉에 따르면 당시 제주에는 절이 없어서 만덕은 불상을 한 번도 본 적이 없었다고 한다.) 만덕이 제주로 떠나기 전 마지막으로 영의정 채제공을 만나 작별 선물로 〈만덕전〉을 받았다.

만덕은 1812년 일흔세 살로 세상을 떠날 때까지 '만덕 할망'으로 불리며 제주 사람들의 존경을 받았다. 험담도 아주 없던 건 아니었다. 구두쇠였다든가, 사내들 바지저고리까지 벗겨 먹었다든가, 구휼미를 내놓은 것은 단지 금강산 구경이 하고 싶어서였을 뿐이라든가 하는.

앞의 두 개는 모르겠지만 세 번째는 왜 흠이 되는지 모르겠다. 금강산 가고 싶어서 한재산 내놓아 여러 사람 살렸다면 그것도 꽤나 멋진 것 같은데. 김만덕은 부자가 될 자질과 자격이 있던 사람이었다. 잘 벌었고 잘 썼다.

조선 시대 여행가   김금원

내가 김금원이란 사람에 대해 처음 알게 되었을 때 무척 놀랍고 기뻤다. 이런 사람이 있었다는 걸 왜 여태 몰랐을까, 왜 아직 이 사람을 소재로 한 드라마나 영화가 만들어지지 않았지? 역사 드라마는 무척이나 많고, 기록이 아주 적거나 정확한 행적이 알려지지 않은 사람들에 대해서도 1퍼센트 사실에 99퍼센트 상상력을 더해 대하드라마가 만들어지기도 하는데, 이 특별하고 재미있는 사람을 여태 아무도 다루지 않았다니. 게다가 이 사람은 자기가 쓴 시와 산문을 엮어서 책도 한 권 남겼다. 그러니까 자료도 꽤 풍부한 편이다.

김금원은 1817년 강원도 원주에서 태어나 열네 살 때 남장을 하고 첫 여행을 떠났다. 제천 의림지를 시작으로 금강산을 거처 관동팔경과 동해 바다를 찍고 설악산에 올랐다가 한양으로 갔다. 한양의 명승지를 돌아본 다음 다시 '여자 옷으로 갈아입고' 고향 원주로 돌아왔다. 이 첫 여행과 혼인한 뒤 남편과 함께 한 평양, 의주 여행 기록을 엮은 책이 바로《호동서락기》다.

열네 살이라는 나이와 여성이라는 성별, 수십 일에 걸쳐 혼자 떠난 여행이라는 점, 그리고 당시 조선 사람들이 가장 가고 싶어 해 수많은 여행기를 남긴 금강산에 다녀왔다는 점을 모두 생각해 보면 감탄하지 않을 수 없다. 그리고 궁금해진다. 어떻게 그럴 수 있었을까? 왜 그렇게 여행을 가고 싶어 한 걸까? 이 사람은 어떤 사람이며 어떤 삶을 살았을까?

《호동서락기》는 김금원이 첫 여행을 다녀오고 스무 해가 지난 뒤에 엮은 책이다. 시와 산문들은 여행 당시에 적어 놓은 것과 나이가 든 뒤에 쓴 것이 섞여 있다. 모두 한문으로 쓰여 있어서 내가 읽을 수 있는 것은 발췌하여 번역된 일부분뿐이다. 전체를 번역한 책은 아직 없는 것 같다. 김금원이란 사람을 알게 됐을 때 느낀 놀라움에 견주면 글은 나에게 별로 감흥을 주지 못했다. 가장 큰 까닭은 내가 그 글을 제대로 읽어 낼 능력이 없기 때문이고(한문을 읽지 못하니까) 둘째로는 내가 여행기를 좋아하지 않기 때문이다. 나는 아름다운 자연경관에 대한 감동에 공감하지 못한다. 호연지기가 무척 부족한 인간이다.

그래서 금원이 여행을 간절히 바라고, 부모님의 허락을 얻어 내 '조롱을 벗어난 매'처럼 훨훨 날아가는 기분으로 떠나는 첫날을 묘사한 부분까지가 가장 재미있고 공감이 갔다. 함께 가슴이 뛰는 것 같았다. 금원은 가는 곳마다 아름다운 것들에 대해 묘사하고, 시에 담고, 그곳에 얽힌 옛이야기와 역사를 이야기하며 지식을 마음껏 펼쳐 내는데, 소양이 부족한 독자라서 다 이해하지 못해 아쉽다. 오직 그 마음만을 짐작할 뿐이다.

조선 시대, 특히 17세기 이후에 조선에는 '금강산 붐'이 일어났다. 글 좀 한다는 선비들, 화가들, 시인들, 이른바 '풍류객'들은 금강산을 꼭 한 번은 다녀와야 하는 줄 알았다. 이 사람들의 여행기와 그림들을 보고 더 많은 사람들이 금강산 유람을 꿈꿨다. 제주도 사람 김만덕이 조정에서 큰 상을 내린다는데 다른 건 필요 없고 한양 구경 한번 하고, 임금님 뵙고, 금강산에 가 보고 싶다고 했던 것도 그런 시대 분위기를 보여 준다.

김금원이 살았던 시대에는 꽤 많은 사람들이 금강산에 다녀왔다. 꼭 들러 볼 만한 곳, 거기까지 가는 길과 묵을 수 있는 여각과 사찰들에 대한 여러 사람의 자료가 쌓였을 테고, 일종의 '금강산 여행 코스'들이 생겨나 관심 있는 이들 사이에서 공유되었을 것이다. 김금원도 이런 '코스'들 가운데 하나를 선택해 꼼꼼하게 공부하고 준비했을 것이다. 금원에게는 더 철저하게 준비를 해야 할 까닭이 많았다. 금원은 여자아이였으니까.

금강산 여행이 예전보다는 쉬워졌다 해도, 마음먹고 준비하면 한 번쯤 갈 만해졌다 해도, 그건 대개 남자들 이야기였다. 여자는 웬만하면 자기 집 울타리 밖을 나가지 않는 것이 법도였고, 혼인할 때 한 번 마지막으로 집을 떠날 뿐, 혼자 여행을 다닌다는 것은 상상하기 어려웠다.

여성이 먼 거리를 여행한 경우가 전혀 없었던 것은 아니지만, 금원처럼 '넓은 세상이 보고 싶어서' 길을 떠난 경우는 정말 드물다. 실은 남자라 해도 그럴 수 있는 처지가 됐던 사람은 많지 않았다. 금원에게는 여행을 떠난 뒤보다 가기 전이 좀 더 험난하지 않았을까. 그래서 집을 떠나자마자 그렇게 날아갈 것 같았을 테고.

금원은 《호동서락기》 첫머리에 여행을 떠나기 전 상황과 함께 자기에 대해서 짧게 썼다. '나는 관동 봉래산 사람으로 스스로 호를 금원이라 칭하였다'고 썼다. 금원의 고향은 원주인데, 봉래산 즉 금강산 사람이라고 한 것부터 평범하지가 않다. '금원'이라는 이름도 스스로 지은 것이다.

식구들과 집안에 대한 설명은 아주 짧다. '어려서 잔병이 많아 부모님께서 나를 어여삐 여겨 여자 일에 힘쓰게 하지 않고 문자를 가르쳐 주셨다'고 한다. 금원은 총명하여 글을 배운 지 얼마 지나지 않아 사서삼경과 역사서를 두루 읽었고,

시를 즐겨 지었다고 한다. 금원은 짐승이 아니라 사람으로, 그 가운데서도 '문명국'인 조선 사람으로 태어난 것이 자신의 복이라고 하면서도 남자가 아닌 여자로, 부귀한 집이 아닌 한 미한 집에서 태어난 것은 불행이라고 했다.

'어진 사람은 산을 좋아하고, 지혜로운 사람은 물을 좋아 한다'는 공자의 말을 인용하며, '하늘이 나에게 인과 지를 다 주었는데' 여자라는 까닭으로 넓은 세상에 나가서 보고 듣고 즐기지 못하는 것은 옳지 않다고 썼다. '규방에 갇혀 술 빚고 음식 만드는 일만 해야 하는가'라며, '총명과 식견을 넓힐 기 회를 갖지 못해 결국은 아무것도 남기지 못하고 자취도 없이 사라져야 하는가!' 하고 탄식했다. 이것이 여행을 떠난 까닭 이자 목적이다.

'어진 사람은 산을 좋아하고, 지혜로운 사람은 물을 좋아 한다'는 공자의 말에서 '사람'은 '남자'만이 아니라는 주장이 다. 자신도 경전을 읽고 인과 지를 갖춘 사람이며, 성인의 말 처럼 세상을 두루 돌아다니며 '총명'과 '식견'을 넓히겠다는 다짐이다. 그리고 이 여행을 자신이 이 세상을 살았다는 자취 로 남기겠다는 것이다. 자신감과 포부가 참 높고 크다.

'남장을 하고 길을 떠났다'는 대목에서는 괴나리봇짐 짊 어지고 혈혈단신 길 떠나는 어린 동자가 언뜻 떠오르지만, 사 실 금원은 가마를 타고 떠났다. 아마도 가마꾼을 고용했을 테 고, 시중을 드는 이가 있었을 수도 있다. 금강산에서는 주로 사찰에서 묵으며 후하게 대접을 받았다 하니 여비를 넉넉히 가져갔거나, 여행 전에 미리 보냈을 수도 있다. 즉, 금원의 집이 꽤 넉넉했고 부모님이 딸의 여행을 적극적으로 지원해 주었다는 뜻이다. 아주 위험한 여행은 아니었겠지만, 금원의 용기가 결코 작다고는 할 수 없다. 시대를 지금으로 옮긴다 해도 그렇다.

긴 여정을 끝내고 집으로 돌아오기 전, '군자는 충족함을 알면 능히 그칠 줄 알고 절제하며 지나치지 않는다'면서, 이제 소원을 이뤘으니 '다시 본분으로 돌아가 여자의 일에 종사하겠다'고 다짐하는 부분을 읽으며 조금 안쓰러웠다. 대견한 마음이지만, 피할 수 없는 일을 받아들이는 자세이기도 하다.

금원은 스스로 밝히지 않았지만, 여행에서 돌아와 곧 기생이 됐다. 원주에서 '시 잘 짓는 기생'으로 이름을 떨쳤고, 김덕희라는 사람의 소실이 되었다. 아마도 여행을 떠나기 전부터 정해진 일이었을 것이고, 금원의 어머니도 기생이었을 가능성이 높다. 여동생도 이어 기생이 되었다. 부모님과 집안에 대해 구체적으로 쓰지 않은 것도 그런 사실을 굳이 밝히고 싶지 않았기 때문일 것이다. 열네 살 나이에 자신은 '인과 지를 갖춘 사람'이라 자부했고, 훨훨 날아가고 싶어 했지만 여자였고, 기생이 되어야 하는 신분이었다.

뒷날 금원은 여성 시인들로 이루어진 시회를 꾸려 많은 시를 썼다. 당대에도 시인으로 이름을 알렸고, 《호동서락기》

를 엮어 후대에도 자기 자취를 분명하게 남겼다. 바라는 것을
많이 이룬 삶이었던 것 같다. 열네 살 때 가졌던 포부를 다 이
루지는 못했겠지만.

마음껏 책 읽고
공부한 조선 여성

이
빙
허
각

살림처럼 어려운 일이 없다. 날마다 느낀다. 어른이란 살림을 할 줄 아는 사람이라고 생각한다. 먹고살 돈을 버는 것은 작은 부분일 뿐이다. 밥을 해 먹고, 집을 치우고, 옷을 빨아 입고, 식구를 돌보고, 추울 때와 더울 때를 대비하고, 끊임없이 뭔가를 해야만 마치 아무 일도 일어나지 않은 것처럼 보인다. 어제와 같은 오늘이 되기 위해서 죽을 때까지 일해야 하다니…….

부지런히 움직여야만 아무것도 달라지지 않고, 게으름을 부리면 금세 모든 게 엉망이 된다. 보람도 없고 지겨워도 어쩔 수 없다. 사람으로 살기 위해서는 꼭 해야 하는 일이기 때문이다.

나는 살림을 열심히 하지는 않는다. 돈도 조금 벌고 집안 일도 되도록이면 간단히 아주 적게 하려고 한다. 식구도 단출 하다. 그래도 날마다 힘들다. 시간이 없다. 쉴 수가 없다. 걱정 이 끊이질 않는다. 가장 힘든 것은 내가 하지 않으면 아무도 대신해 주지 않는다는 것이다.

내 삶이 순전히 내 손에 달려 있다는 것은 말하거나 듣기 에는 좋은데, 실제로 그렇게 살아 보니 은근히 늘 무섭고 두 렵다. 불 때는 시골집에 살다 보니 아궁이 뚜껑을 열면 튀어 나올지도 모르는 곱등이나 지네처럼 무섭다. 집 부엌에서 거 대한 지네가 한 번 나왔고, 반짝반짝 윤기가 흐르는 곱등이들 은 구석구석에 숨어서 나를 노리고 있다. 불을 때려면 아궁이 뚜껑을 열고 개네들과 맞서야 하는데 용기가 나지 않는다. 살 림이 이렇게 어렵다.

옛사람들도 힘들었을 것이다. 그때는 바깥일과 집안일이 뚜렷하게 나뉘지 않아 식구를 건사하고 먹고사는 일이 곧 '모 든 일'이었다. 집 안에서 만들고 쓰는 일이 다 이루어졌다. 그 러므로 살림을 잘하는 사람이란 모든 일을 다 잘하는 사람이 었을 것이다. 그리고 그때도 그런 뛰어난 사람은 드물었을 것 이다. 그 드문 사람들 가운데 뛰어난 지식과 능력을 혼자 간 직하지 않고 글로 남겨 전한 사람이 있다.

1759년에 태어나 1824년에 세상을 떠난 이빙허각이다. 이빙허각은 지금 내게 꼭 필요한 지식과 지혜를 가진 사람이었다. 그 지식과 지혜를 조목조목 글로 써서 책으로 남겼다. 바로 살림 백과사전《규합총서》다.

이빙허각은 대대로 이름난 학자 집안에서 태어났다. 어릴 때부터 온 집안이 책 읽고 공부하는 분위기였고, 딸이라고 해서 예외가 되지는 않았다고 한다. 막내딸인 빙허각은 아버지 무릎에 앉아《소학》과《시경》을 배웠다. 어린 시절 빙허각은 총명하고 남에게 지기 싫어하는 됨됨이였다고 한다. 일곱 살 때, 또래 친척 아이들이 이갈이 하는 게 부러워 멀쩡한 자기 이를 망치로 두드려 빼고는 피를 철철 흘렸다. 부모님이 식겁했을 것이다. 아니나 다를까 그 모습을 본 아버지는 '네 뜻대로 안 되는 일이 있을 때마다 몸을 상하게 하겠느냐'고 타일러 크게 뉘우쳤다는 일화가 있다.

빙허각은 열다섯 살에 열두 살 서유본과 혼인했다. 서유본의 집안은 대대로 농학이 전해져 내려오는 실학자 집안이었다. 시집에는 시할아버지와 시아버지가 모은 팔백 권이 넘는 책이 있었다. 시집 어른들은 빙허각의 총명함을 높이 사 마음껏 책 읽고 공부하도록 해 주었다. 빙허각은 남편과 나란히 시아버지의 가르침을 받았고, 시동생 서유구를 손수 가르쳤다. 서유구는 뒷날《임원경제지》를 쓴 실학자다.

이처럼 여자가 책 읽고 공부하도록 북돋아 주는 것은 조선 시대에는 흔하지 않은 일이었다. 친정과 시집이 모두 학자 집안이라 읽을 책이 넘쳐 났고 남편과 함께 공부하며 서로를

'지우(서로 마음이 통하는 친한 벗)'라 부를 만큼 뜻이 맞았다.

빙허각이 마흔여섯 살 때, 남편의 작은아버지 서형수가 옥사에 연루되어 집안이 갑자기 기울었다. 남편은 벼슬을 그만두게 되었고, 집안 재산은 거의 다 잃었다. 그토록 아끼던 책들도 일부는 팔아야 했다. 빙허각은 남편과 함께 남산 아래 저동 집에서 당시에는 서울 변두리였던 용산으로 이사를 했다. 이때부터 빙허각은 먹고사는 일에 손수 뛰어들었다. 밭을 빌려 차 농사를 짓고, 가축을 기르고, 길쌈을 했다. 그리고 책을 썼다.

이 책은 음식 만들기, 술 빚기, 옷 만들기, 농사짓기, 짐승 기르기, 아이 기르기, 응급처치 들처럼 살림에 관한 거의 모든 지식을 모아 엮은 백과사전이다. 빙허각은 '총명이 무딘 붓만 못하다'는 옛사람의 말을 떠올려 책을 쓰게 되었다고 머리말에 밝혀 두었다. 기록해 두지 않으면 언젠가는 잊어버리고, 잊어버리면 다음 세대 사람들에게 도움이 될 수 없기 때문이라는 뜻이다.

《규합총서》는 주사의, 봉임칙, 산가락, 청낭결, 술수략 이렇게 다섯 편으로 이루어져 있다. 지금은 다섯 권 가운데 첫 권만 남아 있다.

'주사의'는 음식 만들기와 술 빚기를 담은, 말하자면 요리책이다. '봉임칙'은 옷 만들기 편으로 누에치기, 실잣기, 옷감 짜기, 바느질하기, 염색하기, 수놓기 들을 다룬다. '산가락'에는 채소와 곡식, 여러 특용작물을 심고 기르는 법과 짐승 기르는 법에 대해 썼다. '청낭결'은 태교와 육아, 가정 응급처치와 약에 대한 글이다. '술수략'은 집과 무덤의 방위, 귀신 쫓는 법, 주술에 대해 이야기한 글이다.

요즘 사람인 나는 읽어도 뭔 말인지 알 수가 없다. 음식 만들기와 술 빚기, 농사짓기는 그래도 이해하기 쉬웠지만, 다른 내용들은 너무나 먼 얘기처럼 느껴졌다. 이백 년 전에는 사람들이 이런 지식과 기술을 꼭 익혀야 했단 말이구나. '지네 쫓는 법'도 있어서 눈이 번쩍 뜨였지만 지네를 쫓으려면 뱀이 있어야 한다는 대목에서 크게 실망했다. 뛰어난 실학자 빙허각과 나 사이에 놓인 이백 년 세월이 마치 이백만 년처럼 느껴졌다.

다시 말하지만 살림은 어렵다. 어려운데 사람답게 살려면 꼭 배워야 한다. 평생 살림에 대해 공부하고 쌓은 지식과 지혜, 경험을 모아 책으로 써내는 일은 정말 대단한 일이다. 빙허각이 쓴 책은 그 당시 많은 사람들에게 도움이 되었을 것이다. 비록 나에게 빙허각의 '지네 쫓는 법'은 크게 도움이 되지 않았지만 말이다.

빙허각의 삶에서 가장 좋은 점, 내 마음에 와닿은 점은 조선 시대 여성이지만 마음껏 공부하고 글을 쓸 수 있었던 환경이다. 친정과 시집 모두 실학자 집안이었고, 빙허각은 남달리 총명했다. 남편은 함께 공부하는 '지우'였다. 마흔이 넘은 나이에 집안이 몰락해 가난해졌지만 빙허각에게는 오히려 더 배우고 실천할 기회가 되었다. 행복한 삶이었는지는 모르겠지만 분명 충실하고 보람 있는 삶이었을 것이다.

빙허각은 남편 서유본이 죽고 두 해 뒤 세상을 떠났다. 스스로 음식을 줄이고 몸을 돌보지 않아 남편을 따라가려 했다고 한다. 빙허각이 세상을 떠나기 전 지은 시에는 남편에 대한 사랑과 '지우'를 잃은 슬픔이 가득하다.

서유본은 빙허각의 책에 '규합총서'라는 제목을 붙여 주었다.

> "내 아내가 여러 책에서 뽑아 모아 각각 항목별로 나누었다. 시골의 살림살이에 요긴하지 않은 것이 없다. 더욱이 초목, 새, 짐승의 성미에 대해서는 아주 상세하다. 내가 그 책 이름을 지었는데 '규합총서'라고 하였다."

서유본이 《좌소산인문집》에 써서 남긴 글이다.

'살림에 요긴한 지식'이야말로 지금 내게 꼭 필요한 것이다. 더불어 '지네 쫓는 법'도.

조선 시대
여성 유학자들

윤지당과 정일당

내가 태어나서 살고 있는 세상이 나에게 이렇게 말한다면 어떨까? "너는 어떤 훌륭한 일, 가치 있는 일, 세상에 이름을 떨칠 만한 일도 할 수 없으며 하려고 해서도 안 된다. 너는 한 인간으로서 스스로 생각하고 행동하고 존재해서는 안 되는 사람이다. 이는 네가 태어난 순간부터 정해져 있는 운명이다. 그 까닭은 네가 여자기 때문이다." 지금이라면 어림없는 일이겠지만(물론 은근히 지지, 동의하는 분위기가 전혀 없지는 않다), 이 말이 지극히 당연하던 시대가 그리 멀리 있지 않았다.

내가 조선 시대에 양반 가문에서 여자로 태어났다면, 내가 해서는 안 되는 일은 같은 신분의 다른 성별을 가진 이들에게는 무척 권장되는 일들이었을 것이다. 유교의 가르침이 담긴 경전을 읽고 과거 시험을 보아 입신출세의 길을 걸어야 한다. 문장이 뛰어나면 크게 존경을 받고 그 이름을 후대에 전할 수 있다. 벼슬을 하지 않더라도 학문이 일가를 이루었다면 제자를 가르치고 길러 내어 정치를 좌우할 만한 영향력을 가질 수 있다. 그리고 궁극적으로 실현해야 할 가장 중요한 가치는 인격을 완성하는 것, 즉 성인이 되는 것이다. 사람이라면 이를 위해서 한평생 노력해야 할 의무가 있는 것이다. 여기서 '사람이라면'이 나에게 혼란을 줄 수 있다. 나는 사람의 범주 안에 들 수 있을까?

조선 시대 양반 가문의 아이들이 천자문을 익힌 다음 배웠던 유학 입문서《소학》은 유교 윤리의 가장 기본이 되는 필수 내용을 담았다. 소학이 나에게 이렇게 말한다.

공자가 말씀하셨다. "부인은 남에게 복종하는 자이다. 따라서 독단으로 판단하는 의(義)가 없고, 세 가지 따르는 도(道)가 있으니(無專制之義, 有三從之道), 집(친정)에 있을 때는 아버지를 따르고, 남에게 시집가서는 남편을 따르고, 남편이 죽으면 아들을 따라, 감히 스스로 하는 일이 없다. 가르침과 명령이 규문(閨門)을 나가지 않으며 부인의 일은 음식을 마련하는 등의 일이 있을 뿐이다."

역시 《소학》에서 그려 준 남자와 여자의 일생에 따르면, 남자아이는 여섯 살이 되면 숫자와 방위와 명칭을 배우고, 여덟 살이 되면 겸양을 배우고, 아홉 살이 되면 날짜 세기를 배운다. 열 살이 되면 스승을 모시고 경전을 배우고, 열세 살에는 음악과 시와 춤을, 열다섯에는 무예를 배운다. 스무 살에 관례를 치러 어른이 되고 서른에 혼인하며 마흔에 벼슬을 하여 쉰이 되면 정치를 주관하는 대부가 된다.

반면 여자아이는 열 살이 되면 바깥출입을 금지하고 순종하는 법과 바느질, 길쌈, 제사상 차리기와 같은 여자의 일들을 배운다. 열다섯에 비녀를 꽂고 스물이 되면 시집을 간다. 그리고 끝이 난다. 그 뒤로는 배울 것도 없고 해야 할 일도 없다. 여자의 일생은 혼인과 함께 마무리된다. '음식을 마련하는 등의 일'을 하면 되는 것이니까.

유교는 사람의 도리, 사람이 가야 할 길, 사람이 이루어야 할 일들을 가르친다. 그렇다면 유교에서 말하는 '사람'은 누구일까? 《소학》의 가르침을 듣고 다시 질문한다. '나는 사람이 맞을까? 내 행위와 윤리의 주체가 될 수 있을까?' 사실 이 질문은 내가 하는 것이 아니다. 나는 유학을 공부하지 않았고 앞으로도 하게 될 것 같지 않다. 이런 철학과 사상이 있었더라는 기초 지식밖에 없다. 내가 《소학》을 읽는다 해도 내 윤리의 지침으로 삼지는 않을 것이다. 기분 나쁜 소리만 잔뜩 있구먼, 그땐 다들 이렇게 생각을 했나보군, 하고 치워 버리면 그만이다. 나는 유교의 가르침이 지배하는 세계에서 살고 있지 않기 때문이다.

이 질문은 음식이나 장만하고 제사나 정성껏 모시면 된다는 데도 '굳이' 학문을 하고자 했던 어떤 여자들을 대신해서 하는 질문이다. 그들이 학문을 하며 어떤 생각을 했는지, 어떤 의미를 찾았는지 나는 알 수 없지만, 그들이 과연 나와 같은 의문을 가졌는지도 알 수 없지만, 그래도 묻고 싶다. 스스로 판단하지도 생각하지도 말고 오직 순종하라는 가르침을 어떻게 받아들였는지. 나의 존재를 부정하는 가르침을 받아들여 내 존재의 의미를 찾는 것이 가능한 일인지. 그들은 그 모순을 어떻게 극복하려고 했는지. 아마도 무식한 자라고 멸시를 받겠지만 그래도 과거로 돌아가 한번 만나서 물어보고 싶다.

내가 만나 보고 싶은 사람은 조선 시대 여성 유학자인 임윤지당과 윤지당을 스승으로 삼아 남편과 함께 평생 학문의 길을 걸었던 강정일당 두 사람이다. 그들은 학문으로서 유학을 공부하고 자신의 사상을 글로 남긴 여성들이다.

18세기 사람 임윤지당은 일찍 아버지를 잃고 이름난 성리학자인 둘째 오빠 임성주에게 학문을 배웠다. 윤지당이라는 호도 오빠가 지어 주었다고 한다. 열아홉에 혼인했지만 여덟 해 만에 남편이 세상을 떠났고 자식도 없었다. 윤지당은 양자를 들이고 시부모를 모시며 낮에는 '부인의 일'에 충실했고 늦은 밤에 책을 읽었다. 그는 평생 성리학을 공부하고 틈틈이 글을 써서 성리학 논문과 역대 인물들에 대한 논평, 역사와 정치에 관한 모두 서른다섯 편의 글을 문집으로 엮었다. 이 문집은 그가 세상을 떠난 뒤 동생 임정주가 《윤지당유고》라는 제목으로 간행했다.

윤지당은 문집 서문에 자신이 학문을 하게 된 까닭, 글을 쓰게 된 까닭을 밝혔다. 그는 어린 시절, 마치 입에 맞는 음식에 탐닉하듯 자연스럽게 학문에 빠져들게 됐으며, 배우고 깨닫는 즐거움을 멈추려 해도 멈출 수 없었다고 말했다. '멈추려 했던' 까닭은 학문이 여성이 추구할 가치가 아님을 스스로 알기 때문이었다.

윤지당은 혼인한 뒤 일찍 사별하였지만 평생 시부모를 봉양하고 시동생들을 기르며 시가의 살림을 꾸리는 일에 소홀함이 없었다고 한다. 그는 하루일과를 마치고 밤늦은 시간에 책을 읽었고, 틈틈이 글을 썼지만 남에게 보이지 않았다. '아녀자의 본분'에 어긋나지 않으면서 동시에 성현의 가르침을 탐구해 나가는 길을 묵묵히 걸어 나갔다. 그렇게 나이가 들어 이제 자신이 세상을 떠나면 평생의 탐구가 흔적도 남지 않을 것이 두려웠기에 붓을 들었다고 말했다.

마흔 편의 글 가운데 첫 여덟 편은 혼인하기 전에 썼고, 그 뒤의 글은 중년이 지나서 썼다고 말한다. 젊은 시절에는 글을 쓸 여유가 없었음을 말한다. 타고난 학자였지만 학문에 몰두할 수 없고, 그래서도 안 되는 삶이었다. 그 까닭은 단지 아녀자이기 때문이었다. 그렇지만 그는 문집 서문에서 자신의 글을 세상에 남기고 싶은 마음을 드러냈다. 그럴 가치가 있는 글이라는 자부심이 있었기 때문일 것이다.

여자에게는 자신의 본모습보다 더 작고, 더 부족하고, 더 어리석은 것처럼 보이게 처신하라는 압박이 있다. 이런 압박은 사실 지금도 완전히 사라지지는 않았다. 예순다섯이 되어 자신이 집안의 어른이 되고, 어려워할 시어른들도 없기에 윤지당은 자신의 바람을 감추지 않고 담담하게 드러낼 수 있지 않았을까?

윤지당은 생전에 서조카 재승을 시켜 자신의 글들을 작은 책자로 엮었다. 손으로 베껴 쓴 이 책이 윤지당이 세상을 떠난 뒤에 간행되어《윤지당유고》가 된 것이다. 이 서문을 쓰고 나서 열두 해나 지난 뒤의 일이다.

윤지당의 논문은 '이기심성설', 즉 인간 본성에 대한 탐구를 주제로 한 것이 많았다. 그의 철학은 내 지식의 범위를 벗어난 것이지만, '극기복례위인'이라는 개념을 설명한 논설에서 윤지당이 "내가 비록 여자이지만 부여받은 본성은 남녀 간에 다름이 없다"고 주장했다는 점이 흥미롭다.

이 사람도 질문을 했음이 분명하다. 여자이기에 자신이 그토록 좋아하는 공부에 전념할 수도 없고, 공부를 해서 세상에 이름이 드러날 만한 무엇을 이룰 수도 없었지만, 유학이 말하는 '사람'에 자신이 속하는가, 라는 질문에 그렇다고 답했다. 그렇다면 여자인 자신이 성인이 될 수 있는가, 라고 묻고 역시 그렇다고 답했다.

그렇지만 나는 의문이 생긴다. 임윤지당은 성리학을 탐구하고 자신의 인격을 갈고닦아 성인이 되고자 했던 사람이다. 그런데 그 성리학의 가장 기본적인 윤리가 그를 '순종하고 음식이나 장만하면 족한' 존재로 규정하고 스스로 판단하거나 행동하지 못하도록 명령한다. 그 모순을 안고서 어떤 마음으로 학문을 하고 자신의 사상을 글로 남길 수 있었을까? 어떤 의미를 찾아냈던 것일까? 그가 좋아했다는 《중용》의 한 구절을 읽고 어쩌면 이런 마음이 아니었을까 생각해 보았다.

"군자는 자신의 자리에 맞춰서 행할 뿐 그 밖의 것을 원하지 않는다. 부자이고 신분이 높다면 부자이고 신분이 높은 것에 걸맞게 행동하고, 가난하고 지위가 낮다면 가난하고 지위가 낮은 것에 맞춰서 행동하며, 오랑캐 땅에 있다면 그에 따라 행동하며, 어려움에 처했다면 그에 알맞게 행동할 것이다. 군자는 어디를 가든 스스로 얻지 않음이 없다."9

아녀자이고 성리학자라면 아녀자이고 성리학자인 것에 맞게 행동하여 군자의 길을 걸을 뿐이다. 모순이 있다면 모순을 안고 실천할 뿐이다. 윤지당을 만나서 물어볼 수 없으니,

내 마음대로 이렇게 짐작해 보았다.

임윤지당보다 오십여 년쯤 뒷사람이었던 강정일당은 윤지당과는 처지가 많이 달랐다. 윤지당은 뛰어난 학자인 오빠에게서 성리학을 배웠고 형제들과 토론하며 학문의 길에 들어섰다. 일찍 혼자되어 평생 쓸쓸한 삶이었지만 비교적 여유로운 집안에서 공부를 계속할 수 있었다.

그러나 강정일당은 가난한 선비 윤광연과 혼인하여 삯바느질로 살림을 꾸려 가야 했다. 남편 윤광연은 뒷날 학자로서 인정받았지만 평생 벼슬을 하지 못했고 집안 살림은 양식이 종종 떨어질 정도로 가난했다. 자녀를 아홉 낳았지만 가난과 질병으로 모두 잃는 슬픔을 겪었다.

강정일당은 남편을 통해서 학문을 접했고 남편과 함께 경전을 읽으며 성리학을 공부했다. 부부는 책을 읽다가 의문이 들거나 다른 의견이 생기면 서로에게 짧은 편지를 써서 토론했다. 강정일당은 이 토론 편지를 무려 82편이나 남겼다. 정일당의 물음에 윤광연이 스스로 답하기 어려울 때는 스승과 친구들에게 물어서라도 답을 해 주었다고 한다. 또한 윤광연이 질문을 던지면 정일당은 경전을 두루 읽고 찾아서 답을 했다. 두 사람은 편지로 묻고 답하며 함께 학문의 길을 걸어 나갔다.

다만 남편은 공부에 전념했고 정일당은 생계를 잇고 과거를 준비하는 남편을 뒷바라지할 의무도 졌다. 정일당은 남편이 과거에 급제하기를 바랐지만 잇달아 실패했을 때도 좌절하지는 않았다. 그는 남편이 벼슬을 하는 것보다 학문을 갈고 닦아 '인을 이룬 사람' 즉 성인이 되기를 바란다고 말했다. 그리고 스스로도 성인이 되는 것을 목표로 삼았다. 생전에 만난 적은 없지만 강정일당은 윤지당을 학문적 스승으로 삼았고 "여자도 성인이 될 수 있다"는 말에 큰 감명을 받았다. 그가 남편에게 쓴 편지에는 이런 구절이 있다. 정일당이 스스로 세운 학문하는 까닭이라 할 수 있을 것이다.

> "제가 한낱 부인이라 집안에 매여 들은 것도 아는 것도 없지만, 그래도 바느질하고 청소하는 사이사이 옛 경전을 보며 그 이치를 궁구하고 그 행동을 본받아서 앞서간 사람들과 함께 돌아가고자 합니다."[10]

강정일당은 남편에게 날마다 덕을 새롭게 하여 반드시 성현이 되라고 격려했다. 이 격려는 곧 자기 자신에게 한 것이기도 하다. 자신은 아녀자라 집안일 하는 틈틈이 경전을 읽었지만 앞서 수양한 사람들과 같은 경지에 이르고 싶다, 당신은 장부인데 무엇을 두려워하겠는가, 성현이 장부라면 성현의 길을 따르는 나도 장부다.

혹독한 가난과 무거운 의무, 아홉 번 출산하고 그 아이들을 모두 잃는 슬픔을 겪고도 공부하고 수양하여 성인의 경지에 이르려는 결심은 어디에서 비롯된 것일까. 정일당의 삶은 고고하고 꿋꿋하여 존경스럽지만 더없이 슬프기도 하다. 정일당은 여러 차례 출산하여 후유증으로 늘 몸이 아팠고 아픈 가운데도 감당해야 할 짐은 무거웠다. 생계도 그의 몫이었고 남편의 공부도 그의 책임이었다. 정일당은 가부장적인 유교 사회가 여성에게 지운 모든 짐을 당연하게 받아들였다. 그 짐을 지고 묵묵히 학문과 덕을 닦는 것이 자신의 존재를 증명하는 방식이었을까?

정일당의 성품을 그대로 드러내고 그가 지향했던 올바른 삶이 어떤 것인지 말해 주는 일화가 담긴 짧은 편지가 있다. 남편이 '예'를 지켜서 처신하지 않았음을 일깨우는 내용이다.

남편의 숙부, 즉 시숙부가 정일당의 집을 방문해 열흘이 넘도록 묵었다. 양식이 떨어져서 죽을 드린 날도 있고 못 드린 날도 있었다 한다. 그런 가운데 또 정일당의 친정 동생이 찾아오자 남편은 처남을 위해서 밥을 지으라 했지만 정일당은 남편에게 편지를 써서 그럴 수 없다고 하였다. 시숙에게는 밥을 해 드리지 못했는데 자신의 동생을 위해 밥을 짓는 것은 남편의 입장에서는 아내의 친족을 자신의 친족보다 중히 여기는 것이 되고, 정일당의 입장에서는 자기 형제를 남편의 친족조다 더 중히 여기는 것이 되니 '예'에 어긋나고 도리에 맞지 않아 따를 수 없다는 이야기였다.

친척 어른이 찾아와도 밥을 지어 대접할 수 없는 가난, 죽도 거를 만큼 가난한 집에서 열흘 동안이나 머무는 친척을 그래도 정성껏 접대해야 하는 의무감, 여자의 친정 식구를 시가 친척보다 더 대우할 수 없다는 의리, 예에 어긋나지 않게 행동하고자 하는 정일당의 의지, 이 편지는 뭐라 표현하기 힘든 기분을 느끼게 한다.

정일당은 자신을 낮추고 가볍게 여기는 윤리와 도덕을 충실하게 따름으로써 자신의 삶이 완전해진다고 굳게 믿었던 것 같다. 사사로운 정에 끌리지 않고 의리에 마땅한 행동을 하는 자신에 대한 자부심도 느껴진다. 안타까운 마음이 들었다. 정일당이 고단한 삶의 의무를 다하며 성인이 되는 길을 따르는 데서 자기 삶의 의미를 찾았음을 느끼지만, 그 의미가 나에게는 절실하게 와닿지 않는다. 나는 다른 세계에서 살기 때문이다. 단 하나의 윤리와 가치가 지배하는 세계에서 태어나서 평생을 살아가야 한다면, 그 지배적인 가치관을 내 것으로 받아들여 최선을 다하는 것이 가장 바람직한 길일까? 나는 그렇다고 답하기가 어렵다.

정일당이 세상을 떠난 뒤에 남편 윤광현은 아내가 쓴 글을 모아 《정일당유고》를 펴냈다. 그는 당대의 이름난 유학자들이 쓴 발문을 문집에 실었다. 서른 권의 유학 저술은 사라져서 전하지 않지만 문집에는 시와 짧은 편지글, 잡지와 묘지명 등 글 150편이 실려 전해지고 있다.

임윤지당과 강정일당 두 여성 유학자에게 묻고 싶은 것

은 같다. 당신을 억압하고 배제하는 세계관을 어떻게 받아들일 수 있었나요? 거기에서 어떤 의미를 찾았나요? 훌륭한 두 학자가 정말 답을 해 준다 해도 나는 무지해서 알아듣지 못할 것 같다.

조선 시대 이혼소송

유정기와 아내 신태영

조선 시대 사람들도 이혼할 수 있었을까? 이혼이라는 제도가 있었을까? 알려진 바로는 이혼이 전혀 불가능하지는 않았지만 무척 어려웠고, 따라서 아주 드물었다고 한다. 법과 상관없이 부부가 헤어지는 일은 가끔 있었다. 한쪽이 다른 쪽을 집에서 내쫓거나, 집을 나가 딴살림을 차리거나 하는 방식으로 평생 다시 보지 않고 사는 경우다. 하지만 이것은 이혼을 한 건 아니기 때문에 두 사람은 여전히 법적으로 부부다. 즉, 부부로서 서로에게 의무와 권리를 갖고 있다는 것이다. 이 법적인 관계에서 완전히 벗어나는 길은 없었을까? 시도를 했던 사람들은 있다.

스무 해 넘게 이혼하려고 갖은 애를 썼지만 끝내 못 하고

90

죽은 남자가 있다. 조선 현종, 숙종 때 사람 유정기다. 그의 아내 신태영은 스무 해 동안 남편의 이혼 요구에 저항하여, 두 차례 재판과 한 해가 넘는 감옥살이, 네 해 동안 귀양살이까지 겪어 냈다.

유정기라는 사람은 명문 사대부 집안 출신이지만, 평생 대과에 급제하지 못했고 요직에 오른 적도 없어 특별히 후대에 이름을 남길 일이 없었다. 이혼소송을 빼면 말이다. 하지만 그것으로 충분했다. 다른 뭔가를 했더라도 이혼소송에 묻혔을 것이다. 유정기의 후처인 신태영도 아마 번듯한 가문 출신이었겠지만, 집안에 대해서는 알려진 바가 없다. 이혼소송이 걷잡을 수 없게 흘러가면서 신태영 본인은 물론이고 그의 집안도 타격이 컸을 것이다. 신태영은 이혼을 당하지는 않았지만 '유죄'가 인정되어 귀양까지 가야 했으니까.

이야기는 이렇게 시작된다. 1704년 숙종 임금 시절, 유정기는 신태영과 이혼을 허락해 달라는 내용의 문서를 예조에 올렸다. 문서에는 신태영의 '죄상'이 조목조목 정리되어 있었다.

신태영의 죄는 '첫째 시부모에게 불효했음, 둘째 남편에게 순종하지 않음, 셋째 제주(술)에 오물을 섞어 조상을 모독함, 넷째 정절을 잃었(을 수도 있)음'이다. 예조에서는 이 문서를 '가볍게' 물리쳤다. 조선 법에 이혼이 없다는 까닭으로. 하지만 유정기는 포기하지 않고 당시 사헌부 관리였던 친구 임방에게 상소를 올리게 했다. 내용은 마찬가지로 '신태영의 죄상'과 이혼을 허락해 달라는 요구였다. 이때부터 두 사람의 이혼 문제는 조정에서 격한 논의를 불러일으켰다.

유정기 편인 '무조건 이혼파'와 '신중한 조사 뒤 결론파'로 나뉘어 잇달아 상소가 이어졌다. '신중한 조사 뒤 결론'은 예조의 입장이었다. 논의가 진행되면서 양쪽 사연이 다 까발려졌고 점점 걷잡을 수 없는 일이 되었다. 유정기는 아마 무척 곤혹스러웠을 것이다. 여자 하나 내쫓기가 이렇게 어렵다니!

사실관계를 밝혀 보니, 유정기는 이혼소송을 내기 열네 해 전인 1690년에 이미 아내 신태영을 집에서 쫓아냈다. 까닭은 예조에 낸 문서 내용과 같았다. 이에 자매들과 일가친척을 모아 사실을 알리고 사당에 고한 뒤 신태영을 쫓아냈다. 신태영은 별다른 저항을 하지 못하고 쫓겨났다. 그런데 쫓겨난 뒤 신태영은 유정기 아들 유명언의 집에서 살고 있었다. 유명언은 유정기의 전처소생으로 피는 섞이지 않았지만 신태영의 아들이기도 했다. 즉, 쫓아내기는 했지만 신태영은 여전히 유정기의 아내였고, 자식들의 어머니였던 것이다.

그러던 어느 날, 유정기가 아들의 집을 찾아가 신태영과 크게 다퉜고, 신태영이 집을 뛰쳐나가 친정으로 돌아가는 일이 있었다. 이 싸움이 이혼소송을 일으킨 직접적인 계기가 되었다. 유정기는 아들이 아파서 보러 갔다가 신태영을 '우연히' 만났다고 주장했지만, 그건 거짓말이다. 아들 집에 신태영이 있다는 걸 몰랐을 리가 없다.

하여간 이 사건, 신태영이 유정기와 싸우다 저물녘에 집을 뛰쳐나간 일이 이혼 사유 하나를 더하게 된다. '여자가 밤길에 혼자 돌아다녔으니 정절을 잃었을 것이다, 내지는 정절을 잃을 수도 있었을 것이다, 불량한 자를 만났다면 분명 정절을 잃었을 것이다, 불량한 자를 만나지 않았더라도 정절을 잃을 위험을 감수했으니 이미 정절을 잃은 것이나 다름없다'는 식의 말인지 막걸리인지 모를 주장인데 이게 의외로 먹힐 뻔했다. 신태영이 그날 혼자 친정으로 갔다면 말이다.

두 사람의 이혼 문제는 이제 조정에서의 갑론을박, 상소 대격돌을 거쳐 예와 법, 삼강오륜과 강상의 문제로 번지고 번져 갔다. 마침내 그해 시월에 신태영이 의금부에 하옥되었고 한 달 뒤 유정기도 체포되어 하옥됐다. 심문과 조사가 시작되었다. 밝혀야 할 점은 '첫째 신태영의 불효는 사실인가 아닌가, 둘째 신태영의 제사 모독은 사실인가 아닌가, 셋째 신태영이 정절을 잃은 것이 사실인가 아닌가, 넷째 두 사람의 이혼이 합당한가 그렇지 않은가'였다.

조사 결과 신태영의 불효는 증명할 수가 없었다. 유정기의 부모는 오래전에 세상을 떠났고, 모친이 남긴 유서가 있다는 유정기의 주장은 거짓이었다. 제사 모독 또한 증거가 없었다. 유정기가 제출한 일가친척의 연명서가 있었지만, 현장을 직접 보았다는 사람은 없었고 조사가 시작되니 다들 발뺌했다. '내가 본 건 아니고 유정기가 그러더라'면서. 정절 문제는 그날 밤 신태영과 친정집까지 함께 갔다는 증인들이 나오면서 반박되었다. 심지어 동행 가운데 한 사람은 유정기의 아들이었다. 유정기 쪽 주장이 대부분 증거 없음으로 밝혀지는 가운데 신태영 쪽의 항변이 나왔다. 그리하여 그동안 유정기가 입도 뻥긋하지 않았던 사실들이 밝혀진다.

폭로전이 시작됐다. 신태영에 따르면, 유정기와 신태영은 혼인한 뒤 열한 해 동안 자식 다섯을 낳아 기르며 금슬 좋게 살아왔다. 두 사람 사이가 틀어지게 된 것은 유정기가 집에서 부리던 계집종 예일을 첩으로 들이면서부터였다. 유정기는 신태영을 구박하기 시작했고, 끝내 집안 살림을 예일에게 넘기도록 강요했다. 신태영이 반발하자 불효했다는 죄를 뒤집어씌워서 쫓아냈다.

신태영의 항변이 불러온 충격은 어마어마했다고 한다. 유정기가 주장한 이혼 사유를 모두 반박했음은 물론이고, 불효라는 죄(조선 시대에는 죽어 마땅한 죄였다)를 도리어 유정기의 아들에게 씌웠고, 유정기의 성적 취향까지 폭로해서(구체적인 내용은 문서에 적혀 있지 않다) 씻을 수 없는 수치와 모욕을 주었다. 줄곧 당하다가 한 번 날린 주먹이 제대로 먹혔다.

소송은 해를 넘기며 지루하게 이어졌다. 판결은 이듬해 사월에 났다. 유정기는 집안을 다스리지 못한 죄로 장 여든 대, 신태영은 법 조항에 들어맞는 것을 찾을 수는 없지만, 어쨌건 남편에게 순종하지 않고 모욕을 준 괘씸한 여자이니 태

마흔 대와 장 여든 대를(태와 장은 모두 매질인데 장이 더 무겁다. 즉, 몽둥이가 크다) 치고 전북 부안현으로 귀양을 보낸다는 참으로 불합리해 보이지만 엄청나게 고심한 흔적이 역력한 판결이었다.

유정기와 신태영의 이혼 문제는 일곱 해 뒤, 유정기가 다시 상소를 올려 이혼을 요청하면서 두 번째 판이 시작됐다. 유정기에겐 이제 일생에 꼭 이뤄야 할 일이 이혼이 됐나 보다. 또다시 논의가 되풀이됐지만 결론이 나기 전 유정기가 병으로 사망했다. 하지만 당사자가 죽었어도 논란은 한동안 이어졌다. 결론은 역시 이혼 불가였다.

이 사건을 돌이켜 보면 '이혼 허용파'든 '이혼 불가파'든 '신태영이 나쁜 년'이라는 점에서는 의견이 다르지 않았다. 불효를 했든 안 했든, 남편에게 욕을 했든 안 했든, 밤길을 혼자 갔든 여럿이 갔든, 신태영은 나쁜 여자였다. 남편에게 순종하지 않고 남편의 잘못과 부끄러운 일들을 감히 폭로했기 때문이다. 그렇기 때문에 유정기보다 신태영이 받은 벌이 더 무거웠다.

신태영은 남편과 아내가 상하 위계적인 질서를 지켜야 하는 유교적 가부장제를 흔들었고, 헷갈리게 했고, 파란을 일으켰다. '순종하지 않는 나쁜 년'을 쫓아내는 것이 유교적 가부장제를 보호하는 길인가, 그 반대인가라는 심각한 고민을 하게 만들었다. 한 집안에서 가부장의 절대 권위는 더 큰 가부

장제를 유지하기 위해 꺾였고, 신태영은 유교적 가부장제에
작은 상처를 남겼다.

묘지명에 남겨진
짧은 삶

김운

태어나서 처음 취직이란 걸 했다. 시간제 아르바이트가 아닌 직장은 처음이다. 기간제 노동자기 때문에 안정된 직장은 아니다. 연말에 계약이 끝나면 내년에 다시 지원할 수 있지만, 다시 채용된다는 보장은 없다. 그나마 이 일자리를 구할 수 있어서 내게는 무척 다행이었다. 다만 문제가 하나 있었다. 취직이 되기 한 달 전 주말에만 하는 일자리를 이미 구했다는 것이다. 주말 이틀만 하는 일이라 보수는 물론 쥐꼬리만 했고 사대 보험도 되지 않았지만, 조금이라도 버는 게 낫다고 생각해 일을 시작했다. 그런데 한 달 만에 주 5일 일하는 자리를 얻은 것이다.

당연히 주말 아르바이트를 그만두어야 했다. 일주일 내내 어떻게 일하겠나. 하지만 돈 욕심이 났다. 몇 달만 '죽었다' 생각하고 일하면 저축을 꽤 많이 할 수 있을 거라고, 난 할 수 있다고, 내년에는 또 어찌 될지도 모르는데 벌 수 있을 때 한번 벌어 보자고 마음먹었다. 마음은 먹었는데 될 리가 있나. 다른 사람은 모르겠지만 나는 할 수 없는 일이었다.

두 달을 버티고 결국 주말 일을 그만두었다. '죽었다' 생각하는 게 아니라 정말 죽을 것 같았다. 몸이 고된 일도 아니었다. 하지만 정말 죽을 것 같았다. 그만두기 전날 '책도 읽을 수 없고, 생각도 할 수 없고, 글도 쓸 수 없다. 단 하루도 더 이렇겐 못 살겠다'는 글을 끄적거리곤 맥주를 마시며 울었다. 주말 수입이 없어진 지금, 맥주값 지출이 반으로 줄었지만 행복지수가 한 배 반쯤 올라갔다.

'책도 못 읽겠다'며 그만둔 일자리는 우습게도 도서관 사서 보조였다. 갑작스럽게 그만둔 뒤로 미안해서 도서관에 못 가고 있다. 몇 해 동안 일주일에 다섯 권씩 꼬박꼬박 책을 빌려 봤는데……. 하지만 집에도 읽을 책은 많다.

가진 건 없어도 책만은 많다. 단 하나뿐인 취미고, 오락이다. 여섯 살 무렵 글을 알게 된 뒤로 수십 년 동안 거의 하루도 쉬지 않고 꾸준히 해 온 일이기도 하다. 그리고 죽을 때까지 하고 싶은 일이다. 거의 늘 혼자 지내지만 읽을 책이 있고, 읽고 싶은 책이 있어서 외롭거나 무섭지 않다. 돈을 벌어야겠다는 의욕도 여기서 나오는 것 같다.

17세기에 조선에서 태어난 김운이란 여성이 있다. 당시 여성으로는 드물게 아버지가 그를 위해 지어 준 묘지명(묘지에 기록한 글)에 부모가 지어 준 이름이 남았다.

김운은 학자이자 문장가로 이름이 높았던 김창협의 딸이다. 그러나 아이를 낳고 일주일 만에 산후병으로 세상을 떠났다. 겨우 스물두 살이었다. 여성이었고 짧은 생을 살다 간 김운이 세상에 남긴 것은 거의 없었다. 아버지가 지어 준 묘지명 외에는. 아버지가 김창협이었기 때문에 김운의 이름과 삶이 글로 남아 있는 것이다.

묘지명에 따르면 김운이 생전에 자신이 만약 남자로 태날 수 있다면, 깊은 산속에 집을 짓고 수백 권의 책을 쌓아 둔 채 그 속에서 조용히 늙어 가고 싶다는 소망을 종종 이야기했다고 한다.

이 부분을 읽고 나는 삼백여 년 전에 잠깐 살다 간 이 사람이 무척 가깝게 느껴졌다. 내 소원도 조금 비슷하기 때문이다. 물론 다른 점도 있다. 나는 깊은 산속이 아니라 와이파이 잘 터지는 곳에 살고 싶고, 먹고살 걱정 없을 만큼 돈이 많았으면 좋겠다. 하지만 수백 권의 책을 읽으며 늙어 가고 싶은 것은 같다. 물론 읽고 싶은 책의 종류는 무척 다를 것이다.

아버지 김창협은 이 일화를 쓰면서 딸의 욕심 없는 성품을 말하고자 한 것 같다. 그리고 뒤이어 딸이 남편에게 바라는 것도 출세가 아니라 힘써 공부하여 학문으로 높은 경지에 오르는 것이었다고 덧붙였다. 하지만 나는 '수백 권의 책을 쌓아 두고'와 '내가 만약 남자로 태어날 수 있다면'에 주목할 수밖에 없었다. 무척 슬픈 말이다. 김운은 여성이 책 읽고 글 쓰는 일이 결코 칭찬받지 못하던 시대의 사람이다. 소수 지배층 남성들만이 마음껏 누릴 수 있었던 것을 바라고 사랑했던 사람이 '내가 만약 남자로 태어날 수 있다면'이라고 말한 게 어찌 슬프지 않을 수 있겠나.

딸을 지극히 사랑했던 아버지 김창협도 바로 그런 특권을 가진 남성이었다. 총명한 막내딸을 아껴서 손수 글을 가르쳤고, 딸이 책에 푹 빠져 지내는 걸 기특하게 여겼지만 묘지명에서는 학문을 사랑하는 딸에 대해 변명을 했다. 딸의 성품이 '고요하고 질박하여' 글을 배워도 문제가 없을 것이라고 믿었으며 실제로도 그러했다는 것이다. 시집간 뒤 일곱 해 동안 시가 사람들은 김운이 책을 읽는 모습을 단 한 번도 보지 못했다는 것이다. 남편인 사위조차 몰랐을 만큼, 아녀자의 일이 아닌 일에 재능과 관심을 함부로 드러내지 않은 딸의 성품이 훌륭했음을 칭찬한다.

묘지명은 세상을 떠난 이의 생전 삶과 덕을 기리는 글이다. 그래서 고인과 가장 가까운 식구가 쓰는 경우가 많다. 아버지 김창협이 글로 남기고 싶었던 딸의 아름다움은 열한 살 나이에 아버지와 경전을 읽으며 토론을 했던 총명함이기도 했지만, 혼인한 뒤 그 총명함과 지식욕을 감추고 '여자로서 해야 할 일'만 충실하게 했고 결코 글 읽는 모습을 남에게 보이지 않았던 '부덕'이기도 했다. 여자가 글을 읽는 것은 칭찬받을 일이 아니었고, 김운처럼 성품이 훌륭한 여자가 아니라면 '탈이 날' 일이었기 때문이다.

당시 여자가 할 일은 음식하고 술을 빚어 제사를 모시고 손님을 대접하는 일이었다. 그래서 딸을 잃은 아버지는 묘지명을 쓰며 딸을 위한 마지막 변명을 해 주었던 것이다. 김운은 총명했지만, 그래도 여자일 뿐이었다고 말이다.

김운이 어렸을 때 아버지 김창협이 친척 조카딸을 위해 묘지문을 지어 준 적이 있었다. 김운이 그 모습을 보고 '아버지의 글을 얻었으니 언니의 인생이 헛되지 않을 것'이라며 죽은 언니를 부러워하는 듯 말했다. 김창협은 김운이 생전에 남편에게 종종 자신이 여자여서 세상에 드러낼 공덕이 없으니 차라리 일찍 죽어 무덤에 아버지의 글을 남기고 싶다는 말을 했다고 한다.

가슴 아픈 말이다. '죽음이 헛되다'는 건 무슨 뜻이었을까? 죽은 고종사촌 언니에 대해 그런 말을 했을 때 김운은 열두 살로 어린 나이였다. 요즘과 견주어 볼 수는 없지만 그래도 어린아이 아닌가. 세상에 태어나 내가 원하는 것, 뜻하는 바를 이룰 길이 전혀 없고 태어나면서부터 어떻게 살아야 하는지가 이미 정해져 있다면 어떻게 살아야 할까?

김운이 바란 것은 결국 특권이 있는 남자들만 누릴 수 있는 것이었다. 남편은 공부를 할 수 있고, 공부하도록 격려를 받지만 김운은 '여자의 일'만 해야 한다. 그리고 세상을 떠나도 자기 이름은 남지 않을 것이다. '이름'을 남기고 싶다는 바람은 여자가 가질 수 있는 것이 아니기 때문이다. 그래서 김운은 이름난 선비이고 문장가인 아버지가 대신 자신의 삶을 글로 써 남겨 주길 바랐다. 소원대로 아버지 글 몇 줄을 무덤에 새겼다. 슬픈 일이다.

가끔 옛사람들이 쓴 글을 읽고 놀라곤 한다. 살아가는 세상의 물질적 조건이 달랐고, 크기가 달랐다. 높이 여기는 가치도 달랐다. 하지만 그 마음을 가끔 내 마음처럼 알 것 같을 때가 있다. 김운의 묘지명에 적힌 대로 '온화하고 공손하고 자애롭고 어질었'을 여성 김운이 생전에 가졌던 욕심, 체념, 분노와 슬픔을 지금의 나도 느낄 수가 있다.

아내의 죽음을 애도하며 쓴 글

옛사람들이 쓴 글은 흥미롭다. 특히 부부 관계와 가정생활 같은 사적인 삶이 담긴 글이 그렇다. 성리학의 나라 조선에서 부부 관계는 상상하는 것보다 더 중요했다. 온전한 삶의 기본 조건이 혼인인 것처럼 느껴질 만큼. 올바른 인간이 되려면 번듯한 가문에서 태어나 성리학을 공부하고 부모에게 효도하고 임금에게 충성하는 삶을 살아야 하지만, 그전에 혼인부터 해야 했다.

유교에서 부부는 인륜의 근본이기 때문이다. 유학자들이 불교를 배척하던 까닭 그 아래에는 승려들이 혼인하지 않는 데 있었고, 대학자 율곡 이이가 죽을 때까지 비난받았던 까닭은 젊었을 때 잠시 출가했기 때문이다. 가끔 우리나라 사람들이 결혼에 환장한 것 같아 보이는 게, 혹시 이 뿌리 깊은 유교 사상이 남아 있어서일까? 이제 생활 방식은 전혀 유교적이지도 윤리적이지도 않은데 남녀 관계에 대한 집착만 남아 있는 건 아닌지.

유교적 가부장제가 지배하던 조선에서 모든 인간관계의 뿌리는 부부였다. 여자의 지위는 남자보다 아래지만, 혼인을 통해서 모든 윤리적인 관계의 기본 축이 된다는 점에서는 똑같이 중요했다. 따라서 남편이 아내를 잃는 것은 인륜의 근본이 무너지는 것이었다. 물론 복구할 수는 있었다. 충분한 애도의 예를 다한 뒤에 말이다. 이 점이 아내가 남편을 잃는 것과 달랐다. 이때는 복구가 불가능하고 충분한 애도란 곧 '종사(從死)', 즉 '따라 죽는 것'뿐이었다. 아내를 잃은 남편은 제문이나 묘지명으로 애도하는 글을 남기고, 남편을 잃은 아내는 뒤따라 죽을 때 유서를 남긴다. 뒤따라 죽는 것이 결코 쉬운 일이 아니었기 때문에 아내가 남편의 죽음을 애도하며 쓴 글은 드물 수밖에 없다.

조선 시대 선비들이 아내의 죽음을 애도하며 쓴 글 몇 편을 읽어 보았다. 이는 여성이 스스로 자기 삶을 기록할 수 없었던 시대에 거의 유일하게 여성들 삶의 자취가 남아 있는 기록이다. 또한 가장 가까웠던 사람에 의해 쓰인 짧은 전기이기도 하다. 묘지명은 비교적 형식이 정해진 글이다. '죽은 이의 이름은 아무개고 성은 무엇이며 본관은 어디며 선조는 무슨 무슨 벼슬을 하였다'로 시작하여 죽은 이의 일생을 짧게 적은 다음, 살아 있을 때 모습과 일화, 추모하고 그리워하는 마음을 적는다.

조선 영조 때, 문신 이덕수가 쓴 아내 최씨의 묘지명도 이 틀을 그대로 따랐다. 이덕수의 아내는 해주 최씨이며 고려 때 충신 최충의 후손이다. 1674년에 태어나 1693년에 세상을 떠났으니, 겨우 스무 살이었다. 임신 여덟 달 만에 사산을 하고 산후병으로 앓아누웠다가 회복하지 못했다. 묘지명에는 "계유년에 유인이 임신한 지 여덟 달 되던 때에 병에 걸려 해산했지만 아이가 죽었다. 이 일로 슬픔과 비탄에 젖어 점점 위독해지다 그해 시월 여드렛날 마침내 일어나지 못했다. 얻은 나이가 스물이다'라고 쓰여 있다.

이덕수는 아내의 죽음을 슬퍼하며 아내에 대한 일화를 몇 가지 적었다. 아내는 어려서 부모님을 모두 잃었다. 효성이 지극했고 "상례를 맡아 치름에 슬퍼하는 것이 어른과 같았다" 한다. 열다섯에 시집와서 곧바로 열쇠를 쥐고 집안일을 이끌었다 하니 영민하고 야무진 사람이었다. 성품이 강직하여 남편이 잘못하면 깨우쳐 주었다. 병들어 누워 있을 때도 남편이 바둑을 두는 소리를 들으면 "글 읽는 소리를 들으면 기쁜데 왜 바둑을 두느냐"고 나무랐다.

또한 문자를 알고 사랑하여 남편 이덕수가 글을 읽다 어려운 대목에 이르면 아내에게 묻곤 했는데 그 답이 늘 이치에 맞았다 한다. 〈춘추좌전〉을 읽으며 함께 토론도 할 만큼 학식이 깊고 재주가 있었으나 나서지 않고 물러나 고요히 지내는 부덕을 지니기도 했다. 병이 깊어 세상을 떠나기 전, 남편에게 "일찍 부모를 여의고 아들 하나 없이 죽으니 내가 죽으면 이 세상에 아무것도 남는 것이 없을 것"이라며 슬퍼했다고 한다. 그 당시 임신과 출산은 여성에게 목숨이 오가는 일이었다. 최씨는 이 고비를 넘지 못하고 짧은 일생을 마쳐야 했으니 가엾고 안타까운 일이다.

다음은 선조 때, 선비이자 문신인 조찬한이 죽은 아내를 위해 쓴 제문이다. 조찬한의 아내 유씨는 정유재란 때 피난을 가다가 적에게 쫓겨 자결했다. 비극적인 죽음이었고 글쓴이의 슬픔이 글에도 생생하게 담겨 있다. 제문은 "영령이여! 당신의 받은 기운은 밝고도 맑았고 타고난 성품은 곧고도 온순했소"로 시작한다. 아내 유씨는 효심이 깊고 부덕이 뛰어났으며 강직하여 남편의 경박하고 사치스러운 성품을 꾸짖어 바로잡아 주곤 했다.

왜적을 피해 온 식구가 배를 타고 피난할 때, 숙모의 뱃멀미가 심해 전남 무안 땅에 잠시 내렸던 것이 큰 불운이었다. 왜적이 늦어질 줄 알고 머물렀으나, 갑자기 들이닥쳐 식구가 흩어지고 생사를 알 수 없게 되었다. 그 가운데 갓 태어난 딸은 젖을 먹지 못해 죽어 길에 묻었다. 조찬한은 겨우 아내를 찾아 함께 숨었지만 다시 왜적에게 쫓겨 아내를 남겨 두고 혼자 산속으로 도망갔다. 왜적이 물러간 뒤 산을 내려와 보니 유씨는 목에 칼이 꽂힌 채 죽어 있었다. 평소 남편이 차던 칼이었다. 혼자 달아난 것은 아내가 강권했기 때문이라 했지만, 조찬한은 죽어서도 얼굴을 드러낼 수 없다며 후회하고 부끄러워했다.

조찬한의 아내 유씨는 이른바 '절의'를 지켜 죽은 셈인데, 안타까우면서 많은 생각을 하게 한다. 남편을 위해 희생하고 절개를 지켜 자결했으니 조선 시대 여성으로서는 가장 명예로운 죽음이라 하겠지만, 오늘날엔 더 이상 명예가 아닌 어떤 슬픈 것이 되었다. 이제는 위급할 때 약자가 먼저 보호받는 세상이 되었는가 물어보게 한다.

마지막으로, 조선 후기 순조 때, 선비 이학규가 후처 '윤이 엄마'를 위해 지은 제문이다. 이학규는 신유박해에 얽혀 스물네 해 동안 유배 생활을 했던 불운한 사람이다. 유배 생활 열다섯 해 만에 첫 아내를 잃고 두 해 뒤 이웃 마을의 평민 처녀를 아내로 맞았으니, 그이가 바로 윤이 엄마였다.

> "윤이 엄마 진주 강씨가 도광 원년 십일월 초사흘에 아기를 낳다가 산후풍을 맞아서 아흐레 동안 목숨을 부지하다 세상을 떴다. (줄임) 그의 남편 평창 이학규가 술 한 병에 고기 한 접시를 장만하여 무덤 앞에 차렸다. (줄임) 강씨가 누워 있는 무덤을 향하여 입을 열어 다음과 같이 고하였다."[11]

제문은 이렇게 시작하며 그 뒤로는 죽은 이에게 말을 건네듯 썼다. 윤이 엄마 또한 출산 후유증으로 목숨을 잃었다. 제문을 읽어 보면 윤이 엄마는 만삭의 몸으로 베를 짜고 텃밭을 일구며 고된 노동을 했다. 유배지 살림은 가난했고 먹는 것도 변변치 못했을 것이다. 출산하기 직전, 이학규는 우울증이 심해져 집을 나가 절에서 이틀 밤을 묵고 돌아왔다. 아내는 먹지도 자지도 않고 기다렸던 모양이다. 강씨는 밤에 혼자 있는 것을 무서워했는데 남편이란 사람이 기약도 없이 외박을 했으니 근심하다 몸이 상하기도 했을 것이다. 다음 날 새벽에 딸을 낳았는데, 그 뒤로 일어나지 못하고 아흐레 만에 숨을 거뒀다.

"의지가지없는 외로운 몸이 자네라면 기댈 만하다 여겼지만 배필이 되어 부부이기는 하나 일하기는 여종이었소. 새벽도 없고 낮도 없이 기름과 소금, 장과 술을 장만하여 맛난 것은 내게 주고 쓴 것은 자네가 먹으며 장수하라 축원했소."[12]

윤이 엄마는 신분이 낮았고, 정실부인도 아니었으며, 의지할 데 없는 유배객을 남편으로 맞아 아내라기보다는 몸종처럼 모셨다.

이학규는 제문에 아이 이름을 윤이라고 짓고, 잘 기르겠다 약속했다. 유배가 풀려 귀향할 때 윤이 엄마의 관을 함께 가져갈 것이고 벌초를 하고 나무 심는 것을 잊지 않겠노라고, 혼령이 남아 있으면 대답해 달라고 호소하며 글을 마쳤다. 형식보다는 마음이 두드러지고, 글쓴이보다는 고인의 모습이 더 또렷한 제문이다. 읽어 본 제문 가운데 가장 마음에 와닿았다.

2부
옛글로 알아보는 여성의 삶

여자로 역사에
이름을 남기는 방법

효
녀

옛사람들에 대한 글을 읽으면서 느낀 것이 있다. 우리나라에선 늘 약자에게 더 많이 희생하라고 요구해 왔다는 것이다. 윗사람이 아랫사람을 돌봐 주는 것보다는, 아랫사람이 윗사람을 위해 희생하는 것이 더 당연하고 더 칭찬받는 일이었다. 자식은 부모를 위해, 백성은 임금을 위해, 노비는 주인을 위해, 아내는 남편을 위해 죽거나, 손가락을 자르거나, 허벅지 살을 베어 내거나, 호랑이에게 물려 간다. 간혹 호랑이와 싸워 이겼다는 이야기도 있다.(그거 진짜 호랑이였을까?) 그래서 효자, 충신, 충복, 열녀로 이름을 남긴다. 하지만 내 목숨만큼 중요한 게 어디 있을까? 그때 그 사람들은 정말로 의심 없이 스스로 원해서 몸을 해치고 목숨을 버렸을까?

'효도'란 참 이상한 말이라는 생각을 늘 해 왔다. 왜 사랑하고 아끼는 것으로 충분하지 않을까? 왜 하필 자식이 부모에게 더 지극한 정성을 바쳐야 했을까? 옛사람들도 자식을 아끼긴 했을 것이다. 물론 많이 낳고 많이 잃던 시절이라 지금과는 농도가 달랐을 거라고 생각한다. 하지만 부모가 자식을 얼마나 아끼든 간에, 자식은 피할 수 없는 세금처럼 효도란 걸 물어내야 한다는 느낌을 많이 받았다. 모두 그랬다는게 아니라, 모두 그래야 한다고 끊임없이 강요했다는 것이다. 그래서 그 많고 많은 옛이야기들 속에 효녀와 효자들이 손가락도 자르고, 허벅지 살도 베어 내고, 몸도 팔고, 물에도 빠져 죽곤 했나 보다.

이 분야에서는 특히 여자들의 활약이 눈에 띈다. '효자'가 되기 위해서는 호랑이나 사슴과 작당을 해서 '효부'가 될 여자를 낚아 오는 꼼수를 쓸 수 있었지만, '효녀'가 되려면 오로지 자기 몸과 마음을 다 바쳐야 했다. 용감하고 열렬하고 희생적이었다. 그래서 오래오래 기억되었다. 여자는 역사에 이름을 남기기가 쉽지 않은데 그 어려운 걸 이 효녀들은 해냈다.

우리나라 효녀 가운데 내가 꼽은 셋은 《삼국유사》의 '효녀 지은', 고려 시대의 '설죽화', 조선 초기의 '도리장'이다.

효녀 지은 이야기는 무척 익숙하고 평범하다. 혼인하지 않은 딸이 홀어머니를 모시는 이야기다. 집안은 가난하고 아버지는 일찍 돌아가셔서 서른이 넘도록 혼인은 꿈도 꿀 수 없었던 지은이는 남의 집 허드렛일을 해서 받은 삯으로 눈먼 어머니를 모셨다. 삯일은 끊기기가 일쑤라 먹는 날이 반, 굶는 날이 반이다. 도저히 이대로는 못 먹고살겠다 싶어진 지은이는 쌀 열 가마에 몸을 팔아 부잣집 종이 된다. 부잣집에서 종일 일하고 어머니 밥을 지어 드리러 하루 한 번 집에 들르는 생활을 하게 된 것이다.

여기서 궁금한 점이 생기는데, 쌀 열 가마가 자유민 신분을 포기하고 죽을 때까지 종살이를 하는 대가라면, 그 쌀 떨어지면 어머니는 어떻게 모시려고 했을까? 다행히 주인집 인심이 좋아서 어머니 먹을 것까지 계속 챙겨 주기로 약속을 받았을까? 아니면 요령껏 일하는 틈틈이 남은 밥이라도 빼돌릴 생각이었을까? 아무튼 쌀 열 가마는 적지 않다.(팔아서 돈이나 그 비슷한 것으로 바꿨을 수도 있겠다.) 지은이는 주인집에서 먹는 것은 해결할 테니까 어머니 혼자 먹고 입고 사는데 당분간은 넉넉할 것이다. 그리고 그다음은? 생각해 봤지만, 가난한 사람이 앞일 생각을 어떻게 다 하고 살겠나 싶다. 당장 손에 쥔게 있어야 계획이란 것도 세우는데, 지은이처럼 막다른 데 몰린 사람은 일단 지르고 봤을 것이다. 카드를 긁거나 사채를 쓰거나 하는 것처럼 말이다. 하지만 뒷이야기는 있을 법하지 않은 해피엔딩이다.

지은이는 쌀 열 가마로 어머니를 정성껏 모셨다. 밥상이 달라지니 어머니가 눈치를 챘다. "전에는 거친 밥에 없는 찬이라도 편하게 넘겼는데, 요즘은 쌀밥에 고기반찬을 먹어도 목구멍으로 넘어가지가 않는구나." 어머니가 말하자, 지은이는 울면서 어머니에게 사정을 털어놓았다.

모녀가 끌어안고 크게 통곡하니 온 마을이 다 알게 되었다. 화랑 효종랑도 알게 되었다. 지은이 사연에 감동한 효종랑이 부모에게 부탁해서 지은이 집에 곡식 백 가마와 옷감을 선물했고 지은이의 몸값인 쌀 열 가마를 갚아 주었다. 이걸 임금도 알게 되어 새 집을 지어 주고 곡식 오백 가마를 상으로 내렸다. 가난한 여자가 신체 포기 각서 쓰고 빚 얻어서 어머니 모시다가 로또를 맞은 셈이다. 왕은 지은이 이야기를 온 백성들에게 알리고 싶었나 보다. 지은이 이야기는 뒷날 심청이 이야기의 원형이 되어, 딸이 몸 팔아 부모를 구하는 이야기로 오랫동안 거듭 전해졌다.

고려 시대 설죽화는 '아버지 뜻을 이어' 나라를 구한 여자아이다. 설죽화 아버지는 거란군과 싸우다 전사했다. 설죽화 어머니는 남편이 죽었을 때 설죽화한테 '네가 사내아이였더라면' 하고 한탄을 한다. 설죽화는 '나는 여자아이지만 싸울 수 있다'고 대답했다. 이때부터 설죽화 모녀는 깊은 산속에 들어가 맹훈련을 시작했다.

이것도 어디서 많이 본 이야기지만, 이런 이야기는 언제나 재미있다. 목검을 들고 산속을 달리며 무예를 닦는 여자아이라니. 노루도 잡고 멧돼지도 잡고 호랑이도 잡는다. 그리고 무예가 무르익었을 때 드디어 때가 오는 것이다!

거란 대군이 고려에 쳐들어오고 노장군 강감찬이 귀주에서 결전을 준비하고 있다는 소문을 듣자마자, 설죽화는 남장을 하고 아버지 칼을 차고 강감찬 장군을 찾아갔다. 이런 이야기에서 늘 그렇듯이 아무도 설죽화가 여자아이란 사실을 눈치채지 못한다. 설죽화는 소년 선봉장이 되어 흰 말을 타고 전쟁에 나갔다. 이 전쟁이 바로 귀주대첩이다. 그리고 선봉장답게 장렬하게 죽는다.

설죽화 이야기에서 가장 마음에 들었던 것은, '나는 적이 쳐들어왔을 때 머리에 수건을 쓰고 도망 다니지 않겠다'고 말하는 대목이다. 설죽화 이야기를 기록한 사람은 '아버지 뜻을 이어'와 '나라를 위해서'를 가장 중심에 두었겠지만, 나는 늘 전쟁이 벌어지는 시대에 태어나 스스로 자신을 지키려고 했던 여자아이 이야기로 기억하고 싶다. 그런데 그 뒤 설죽화 어머니가 어떻게 되었는지는 알 길이 없다.

도리장은 아버지를 찾아 칠백 리 길을 걸어간 열네 살 여자아이다. 도리장은 전라남도 장성에 살았다. 홀아버지를 둔 외동딸이었다. 조선 초 태조 4년에 한양성 공사가 시작되었다. 도리장 아버지는 부역꾼으로 뽑혀 가서 세 해가 지나도 돌아오지 않았다. 한양에 있다는 것 말고는 아무것도 몰랐다. 편지를 보낼 수도 없고 사람을 보내 찾을 수도 없다. 그래서 도리장은 직접 걸어서 가기로 했다. 칠백 리면 280킬로미터

쯤 된다. 번듯한 길도 없었다. 도리장은 겨울에 출발해서 이 듬해 봄에 한양에 닿았다.

남장을 하고 삿갓을 쓰고 길양식을 짊어지고. 가난한 집 아이가 양식을 넉넉히 가져갔을 리가 없으니까 거의 걸식을 했을 것이다. 인가가 없는 산길을 며칠씩 걸어야 했을 테니 노숙도 많이 했을 것이다. 추위와 배고픔과 산짐승과 도적들 한테 죽지 않고 무사히 한양에 간 것이 기적이다. 한양에서 병이 들어 판교원에 몸을 의탁한 아버지와 만나게 된 것은 더욱 기적이다. 판교원은 경기도 광주에 있는 구호시설이다. 도리장은 장성에서 출발해서 한양을 찍고 다시 광주까지 내려와서 아버지를 찾아냈다.

거의 불가능한 일을 해냈기에 도리장은 역사책에 이름을 남겼다.《태조실록》에는 왕이 도리장의 효성을 칭찬하며 면포를 상으로 주었다고 적혀 있다. 면포를 얼마나 주었는지, 그 면포로 도리장네 살림살이가 얼마나 피었는지는 알 수 없다. 하지만 넉넉히 주었을 거라고 믿는다. 왕이니까. 지은이와 도리장은 효녀로, 설죽화는 효녀이자 애국자로 이름을 남겼다.

나는 효도나 애국은 별로 좋아하지 않지만 세 사람의 이야기는 무척 좋아한다. 용감한 여자들 이야기고, 뒷날 더 많은 이야기들을 낳았기 때문이다.

효도는 청이가 하고
복은 아비가 받고

《심청전》

옛날에는 여성이 세상에 이름을 알리고, 죽은 뒤에
도 기억되는 길이 많지 않았다. 교육받을 기회도 적었고, 벼
슬을 하는 것은 불가능했고, 재주가 있어도 여성이 글이나 그
림을 남기는 것은 칭찬받지 못할 일이었다. 여성이 인정받으
려면 효녀가 되거나 열녀가 되어야 했다. 그도 아니면 차라리
명기가 되든가. 셋 다 쉬운 일은 아니었다.

효도는 국가와 사회가 가장 높이 사는 가치였다. 조선을
세운 지배층은 백성부터 임금에 이르기까지 모두가 유교 도
덕을 따르는 나라를 만들고 싶어 했다. 도덕 가운데 가장 근
본이 되는 것이 바로 효다. 어쩌면 임금에 대한 충성보다 더
중요했다. 양반이 아닌 백성이 나라에 충성할 방법은 별로 없

었다. 공적인 일을 할 수 없는 여성도 마찬가지였다. 하지만 효도는 할 수 있었다. 아주 지극하고, 기괴해 보일 만큼 극단적인 효도로 자기 자신은 물론 집안과 살던 고을의 명예까지 드높일 수 있었다.

심청이는 우리나라 대표 효녀다. 이야기 속 인물이지만, 실제 살았던 수많은 효녀들을 한데 모아 만들어 낸 사람이다. 신라 효녀 지은이부터 대대로 내려오는 여러 효녀 이야기의 '종합판'이며, 노래와 이야기로 전해져 글을 모르는 사람들도 심청이 이야기를 즐겼다.

심청이 이야기는 보통 어린 시절에 옛이야기로 접한다. 지금 보면 어린 아이에게 읽힐 만한 내용인가 물음이 들기도 한다. 어린 아이들이 읽는 동화에는 의외로 잔혹한 이야기가 많다. 동양과 서양이 모두 그렇다. 물론 거기에 견주면 심청이 이야기가 특별히 심한 것도 아니다.

고등학교 국어 시간에 고전문학으로 다시 심청이 이야기를 읽었다. 판소리본이었다. 옛날에 보통 사람들은 대부분 글을 읽지 못했기 때문에 판소리 공연이 이야기를 접하는 가장 익숙한 방법이었을 것이다. 다시 읽었을 때는 다른 느낌이 들었는데 더 나이가 들어 읽으니 또 달랐다.

고등학생 때는 심청이 이야기가 무척 불편하게 느껴졌다. 친구들과 심 봉사를 엄청 욕했던 게 생각난다. 교과서에 실린 작품치고는 그만큼 재미있는 이야기기도 했다.

장님인 홀아버지 심학규는 태어나서 이레 만에 어머니를 잃은 딸을 젖동냥으로 길러 낸다. 딸은 자라서 지극한 효녀가 되어 어릴 때부터 동냥과 품팔이로 도리어 아버지를 부양한다. 여기까지는 받아들일 수 있다.

옛이야기 주인공들이 대부분 그렇듯 심청이는 하늘에서 떨어진 사람처럼 흠잡을 데가 없다. 얼굴이 아름답고, 행실이 바르고, 효성은 지극하고, 총명하기 이를 데 없다. 스스로 글을 깨쳐 도덕을 알았고, 바느질이나 길쌈 같은 여자 일은 못하는 게 없었다.

그 가운데에서도 가장 뛰어난 건 바로 아버지에 대한 효성이었다. 일곱 살 때부터 아버지 손을 잡고 밥 동냥을 나섰고, 열한 살이 되자 혼자 나가 밥을 빌어 아버지를 모셨다. 열다섯 살 무렵에는 품을 팔아 살림을 꾸렸다.

하지만 아버지 심학규는 정말 어이없는 사람이 아닌가? 딸이 품을 팔아 먹고사는 형편인데 자기가 눈을 뜨게 된다는 말에 홀랑 넘어가서 공양미 삼백 석을 바치겠다고 약속하고 만다. 그리고 나선 어찌하면 좋으냐고 푸념하고 칭얼거릴 뿐이다. 이때부터 심청이가 하는 짓도 이해 불가다. 왜 장 승상 댁 부인에게 도움을 청하지 않았을까? 이웃 마을에 사는 재상집 부인이 수양딸로 삼자고 할 만큼 아껴 주었는데 왜 그런 극단적인 행동을 했을까?

당시 사회 분위기를 보면 효도를 흠 없이 완성하기 위해서는 목숨을 버리거나 적어도 버릴 각오가 필요하긴 했다. 나라에서 상을 내릴 정도의 효녀와 효자는 대부분 자기 몸을 해쳐 가며 효도를 했으니까. 심청이가 뱃사람들에게 몸을 판 까닭은 그것밖에 없었다고 생각한다. 완벽한 효녀로 자기를 실현하는 것. 심청이식 효도는 그저 부모를 사랑하고, 잘 모시는 것에서 끝나는 게 아니라 아버지를 위해 자기가 죽어야 비로소 완성되는 것이다. 이게 바로 옛사람들이 인정하는 효도였다. 그러니 아무나 효녀 효자가 될 수는 없었을 것이다.

심청이 이야기 제2부는 딸을 떠나보낸 뒤 혼자 남은 심학규의 '삘짓'이다. 심청이는 뱃사람들에게 팔려 가면서도 아버지에게 당부했다. 눈을 뜨면 꼭 재혼해서 아들을 낳아 대를 잇고 잘 사시라고.(이 부분에서 나는 심청이 이야기를 쓴 사람이 남성일 거라고 믿게 되었다.) 심지어 아버지가 당분간 먹고살기 어렵지 않게 마련도 다 해 놓고 떠났다. 심학규는 물론 슬퍼하면서 울고불고했지만, 곧 딸이 바란 대로 재혼을 했다. 단지 딸이 바랐기 때문은 아니겠지만.

재혼한 아내 뺑덕이네는 한마디로 '나쁜 년'이다. 게으르고, 욕심 많고, 행실이 나쁜 여자였다. 쌀 퍼 주고 엿 사 먹고, 벼 내주고 고기 사 먹고, 잡곡 팔아 술 사 먹고, 술 취해서 밤에 울고, 동네 남자 꾀어내고, 대낮부터 잠을 잔다. 여기저기 진 빚이 해장술값 마흔 냥, 엿값이 서른 냥, 담배값이 쉰 냥, 머릿기름값이 스무 냥, 살구값이 삼백 냥, 떡값에 팥죽값이 오백 냥이라 했다. 심청이가 남기고 간 돈과 쌀을 홀시 빨아 먹듯 다 빨아 먹고, 빈털터리가 되자 심학규를 버리고 달아났다.

이 대목에서 지은이가 뺑덕이네를 얼마나 미워했는지 알 수 있다. 물론 심청이 이야기와 판소리를 즐겼던 그때 사람들도 한마음 한뜻으로 뺑덕이네를 죽이고 싶어 하지 않았을까?

그런데 고등학생이던 나와 친구들은 뺑덕이네보다 심학규가 더 미웠다. '개뻘짓' 해서 딸 죽게 하더니 새장가를 들어? 멍청하게 딸이 남겨 준 재산 다 털리고? 심학규는 뺑덕이네에게 버림받고, 고향을 떠나 거지가 되었다. 하지만 고생은 잠깐이었고, 마지막엔 황후가 된 딸을 다시 만나 눈도 뜨게 된다. 이야기는 이렇게 끝이 난다.

행복한 결말이지만 무척 찜찜했다. 이야기가 가진 잔혹함을 감출 수 없기 때문이다. 어리석고 이기적이고 딸이 죽어 남겨 준 돈을 헛되게 날려 버린 아버지, 무조건 희생만 하는 딸과 사람을 사서 제물로 바치는 잔인함. 그런데도 나쁜 건 오로지 뺑덕이네 차지로 심학규는 그저 불쌍하고 불쌍한 처지로 그려진다. 게다가 마지막엔 모든 복이 심학규에게 '몰빵'된다. 이게 말이 되나?

심청이는 이야기 속 인물이지만, 역사에 남은 효녀 효자들 가운데 자기 몸을 해치지 않고 이름을 얻은 사람은 거의 없었다. 손가락 자르기, 허벅지 살 베어 내기는 보통이었다. 부모가 세상을 떠나면 세 해 동안은 제대로 먹지도 자지도 않고, 몸이 망가질 때까지 슬퍼해야 효자로 인정받았다. '자식은 또 낳으면 되지만 부모는 한 번 돌아가면 다시는 못 본다'면서 부모 병을 낫게 하려고, 아이를 죽여 약으로 쓰는 옛이야기도 있다.

당연히 그리고 다행히도 정말로 다들 그랬다는 것은 아니다. 나라에서 상을 받고, 이름이 널리 알려질 만큼 효녀 효자인 사람들은 드물었다는 사실이 그나마 위로가 된다. 그리고 이제는 그런 효도가 괴상하게 느껴지는 세상이 되었다는 것도 안심이 된다.

그래도 심청이 이야기는 재미있다. 다시 읽으니 더 재미있다. 감동적인 부분도 있다. 바로 마을 여자들이 엄마 잃은 어린 청이에게 젖을 먹이는 대목이다. 심청이는 젖동냥해서 키워 준 아버지 은혜를 하늘처럼 여겼지만 정말로 심청이를 길러 주고, 심학규를 돌봐 준 건 마을 부인들 아닌가? 하늘에서 떨어진 것처럼 착한 사람들이다.

결국 아무것도 안 하고, 복 받은 사람은 심청이 아버지뿐이다.

조선 시대에 여자만
얻을 수 있는 명예, 열녀

조선 시대에 이상적인 여성은 열녀였다. 이건 여자만 얻을 수 있는 명예였다. 열부는 없었다.

조선을 세운 남자들은 조선이란 나라를 정말이지 근본부터 완벽하게 유교적인 나라로 만들고 싶어 했다. 그래서 피지배층 사람들을 가르쳤다. 글을 모르는 사람들한테는 그림책을 만들어 고을마다 퍼트려 가며 가르쳤다. 임금에게 충성하고, 부모에게 효도하고, 윗사람에게 복종하고, 특히 여자는 남편에게 복종하라고 가르쳤다.

쉽지 않은 일이었지만 결국은 해낸 것 같다. 오랫동안 남자가 장가들었던 전통을 여자가 시집가는 것으로 바꾸어 냈고, 재혼이 자유로웠던 여자들을 평생 수절하게 했다. 수절로도 모자라 남편이 죽으면 스스로 목숨을 끊어 '열녀'로 이름을 남기게 만들었다.

조선 시대 실존했던 '열녀들' 이야기는 우울하고 잔인하다. 죽어서 얻은 명예가 무슨 소용인가 싶기도 하고, 이미 그 도덕과 사상이 낡고 죽은 것이 됐기 때문이기도 하다.

예나 지금이나 사람들은 해피엔딩을 좋아한다. 비록 지어낸 이야기지만 그래도 해피엔딩을 맞는 열녀 이야기라면 두말할 것 없이 춘향이 이야기다. 열녀는 대부분 지배자들이 만들어 냈지만 열녀 춘향이는 피지배자인 백성들이 만들어 냈다. 그래서 열녀인데도 죽지 않고 행복한 결말을 맺는다.

정확히 알 수 없지만 춘향이는 대충 18세기에 태어났을 것이다. 어머니는 관기였고, 아버지는 남원부사였다. 관기는 관가에 소속되어 지방관에게 성적인 '서비스'를 하는 여성이다. 조선 시대에 지방관은 근무지에 식구를 데려갈 수 없었다. 그래서 그 '대단한' 남자의 성욕을 해소하기 위한 수단이 필요했던 것이다.

하여튼 춘향이 엄마 월매는 남원부사 성 아무개의 첩이되어 딸을 낳았는데, 바로 춘향이다. 남원부사는 임기가 끝나 한양으로 떠났다. 그리고 다시는 돌아오지 않았다. 소설에서는 남원부사가 월매에게 '(아기가) 젖을 떼면 데리고 가겠다'고 약속하고 갔지만 병이 들어 곧 세상을 떠나 약속을 못 지켰다고 한다. 하지만 죽지 않았다 해도 정말 데려갔을지는 모르겠다.

춘향이는 엄마 월매의 지극한 사랑과 정성으로 무럭무럭 자랐다. 월매는 나이가 들어 관기를 그만두었지만 살림은 꽤 넉넉했던 것 같다. 우리 고전 주인공들이 다 그렇듯 춘향이도 '완벽한' 인물이다. 예쁘고, 똑똑하고, '여자 행실'을 제대로 배웠고, 글공부도 할 만큼 했다. 딱 하나 모자란 게 신분이다. 기생의 딸이기 때문에 춘향이도 기생이 되어야 할 처지였다.

춘향이가 열여섯 살 때 단옷날 그네를 타러 갔다가 남원 부사 아들 이몽룡을 만나 백년가약을 맺고……. 이 뒤의 일은 누구나 아는 이야기니까 넘어가겠다. 이 대목에서 월매의 활약이 눈부셨다. 그야말로 번개같이 두 아이들을 맺어 주고, 춘향이 장래에 대한 약속까지 받아 냈다. 혼인잔치 음식은 하룻저녁에 다 준비했다고 한다. 마트도 없던 시절에.

이때까지는 춘향이가 열녀의 모습을 전혀 보이지 않는다. 글쓴이가 아무리 춘향이를 군자(이몽룡)를 만난 요조숙녀라고 우겨도, 둘은 만나자마자 잠자리에 들어 사랑가를 부르며 신나게 놀았지 않나. 그들은 자유롭게 연애하는 청춘 남녀일 뿐이었다.

열녀가 되려면 '고난'이 필요하다. 남편이 죽어, 남은 평생을 혼자 살아도 열녀가 되기엔 부족한 시대였다. '일부종사'를 방해하는 심각한 위협이 필요했다. 그래서 등장한 인물이 바로 신임 사또 변학규다.

변 사또는 부임한 지방관이 으레 하던 대로 관기들을 불러 모아 인사를 시켰다. 그런데 춘향이가 그 자리에 나오지 않은 것이다. 지방관과 잠자리를 하는 게 관기의 일인데 춘향이는 자신은 기생이 아니며, 남편이 있다고 거부한다. 여기서 춘향이가 기생이냐 아니냐 하는 법적인 부분은 별로 중요하지 않다. 사또가 명령을 하는데 관기(의 딸)가 거부한다. 여자가 수절하려고 하는데 권력자는 강제로 굴복시키려고 한다. 여기서 갈등이 폭발하면서 아마도 공연을 보던 사람들 또한 평소 양반들에게 쌓인 감정까지 보태어 한목소리로 변 사또를 욕했을 것이다.

좀 모자라 보였던 이몽룡은 불가능한 속도로 과거에 급제하고 역시나 불가능한 나이에 암행어사가 되어 춘향이를 구한다. 춘향이는 사또 수청을 안 들었다는 까닭으로 옥에 갇혀 매를 맞고, 처형까지 당할 위기에 놓여 있었다. 그런 까닭으로 사형을 시키는 게 말이 되느냐, 조선이 그래도 법으로 다스리는 나라인데 과장이 너무 심한 거 아니냐 따질 필요는 없다. 그때 사람들은 이런 얘기를 원했던 것이다. 실제로 열녀가 되어 이름을 남긴 여자들은 대부분 목숨을 잃었다. 주인공을 죽일 수는 없지만 열녀로 만들어야 하니 죽을 고비는 넘기게 해야 하지 않았겠나.

그리하여 춘향이는 죽지 않고도 열녀가 되었고, 기생의 딸이지만 양반의 정실부인이 되어 한양으로 올라가 이몽룡과

백년해로하였다는 이야기다. 참 여러 가지 가치관과 소망이 뒤섞인 이야기다.

조선을 세운 남자들은 여자가 평생 남자 한 명하고만 성적인 관계를 맺어야 한다고 정했다. 그 남자는 바로 남편이다. 또 여자가 먼저 재혼하는 것을 막았다. 처음엔 재혼하지 않는 여자가 열녀였다. 하지만 수백 년 동안 계속된 세뇌 교육으로 그 기준은 점점 더 엄격해졌다. 남편을 따라 죽어야 비로소 열녀가 될 수 있었다. 그 뒤로 양반들뿐만 아니라 평민 여자들 가운데서도 열녀가 나오기 시작했다.

전쟁을 두 번 겪고 나자 열녀가 쏟아져 나왔다. 적군에게 잡혀 강간을 당할 것이 두려워 미리 자살하는 여자들, 강간에 맹렬하게 저항하다 살해당한 여자들(맹렬하게 저항해서 잔인하게 살해될수록 모범적인 열녀의 사례가 되었다), 심지어 적을 피해 피난 가는 길에 남편이 아닌 남자에게 신체 일부가 닿았다는 까닭으로 자살하는 여자들……

사실 백성들의 열녀 춘향이는 실제로 있을 수 없는 인물이고, 지배층이 바랐던 열녀와 좀 많이 다르기도 하다.

조선 시대에 실제로 살았던 열녀가 남긴 글을 읽은 적이 있다. 서흥 김씨는 1883년에 태어나 열일곱에 혼인했는데 몇 달 만에 남편이 병이 들었다. 남편이 죽었을 때 김씨 나이 스무 살이었다. 몇 달 지나지 않아 김씨는 남편을 따라 자살했고, 죽기 전에 친정아버지에게 보낸 편지가 남아 있다. '아버님 전상사리'로 시작하는 편지의 한 대목이다.

"애고애고 아버지, 저의 무슨 죄가 이리 무거운가요. (줄임) 아버지, 하늘도 무심하고 조물도 야속합니다. (줄임) 무슨 사주가 이리 불측합니까. 이십 청춘이 당할 말입니까. (줄임) 불효막심한 이 여식을 어찌 자식이라 하오리까. (줄임) 통곡 한심 한심 한심 쓸 곳 없는 저의 잔명 대의를 좇사오니, 아버지, 아버지, 그리 아옵소서."[13]

'애고애고'와 '아버지, 아버지'가 몇 차례나 나온다. 죽음을 각오하고 쓴 글이지만 얼마나 죽고 싶지 않았는지 느낄 수 있다. 김씨 나이 겨우 스무 살이었는데……

열녀의 죽음,
절개일까 저항일까

1702년, 조선 숙종 임금 때 향랑이라는 한 여자가 자살을 했다. 이 사람의 이야기는 《숙종실록》에 실렸고, 정조 때의 문인 이옥을 비롯해서 많은 사람들이 〈향랑전〉, 〈열녀향랑전〉, 〈임열부향랑전〉, 〈열부상랑전〉, 〈상랑전〉 따위로 이 사람의 일생을 쓴 전을 여럿 지었다. 내로라하는 선비들이 향랑의 죽음을 소재로 쓴 한시도 여러 편이 있다. 이 사람이 죽은 사연이 당대의 수많은 사람들에게 깊은 감정을 불러일으켰다는 뜻일 것이다. 향랑은 왜 죽은 걸까? 여러 작가들이 쓴 향랑의 이야기는 구체적인 부분에서 조금씩 차이가 있지만, 이옥이 쓴 〈상랑전〉과 거의 같은 내용이다. 향랑의 사연은 이렇다.

향랑은 경상도 상주에 살던 상민 집안 여자다. 혼인할 나이가 되어 선산에 사는 최씨 집안 아들에게 시집을 갔다. 남편은 나이가 어리고 성품이 거칠어서 향랑을 아껴 주지 않았다. 시어머니도 향랑을 미워하고 구박했다. 혹독한 시집살이를 하던 향랑은 견디지 못하고 친정으로 돌아왔다. 그러나 친정에서도 향랑을 품어 주지 않았다. 새어머니는 자기 형제들과 의논하여 향랑을 다른 곳으로 시집보내려 했다. 향랑은 두 지아비를 섬길 수 없다며 다시 남편의 집으로 돌아갔지만, 남편과 시부모는 그를 집 안으로 들이지 않았다.

향랑은 어디서도 자신을 받아 주지 않자 슬퍼하며 목숨을 끊기로 마음먹었다. 그는 강가로 갔다. 마침 나무하던 어린 여자아이가 향랑을 보고 최씨네 신부가 왜 이곳에 와 있느냐고 물었다. 향랑은 여자아이에게 모든 사연을 다 이야기하고 자신이 죽고 나면 본 모습 그대로 사람들에게 전해 달라고 한 뒤 이렇게 탄식했다. "오호라 돌아갈 곳 없음이여. 무릇 부모는 나를 자식으로 여기지 않으시고, 남편은 나를 아내로 여기지 않으며 시부모는 나를 며느리로 여기지 않으시니 나는 무엇으로 이 세상에 설까?"

신과 덧머리를 벗고 산유화가 한 곡조를 부른 뒤 향랑은 마침내 치마를 뒤집어쓰고 강물에 몸을 던졌다. 나무하던 여자아이가 유품을 최씨 집에 전해 주어 향랑의 죽음을 알렸다.

이를테면 향랑은 소박맞은 아내였다. 부모가 정한 대로 시집을 갔지만 남편과 뜻이 맞지 않았다. 시부모도 향랑을 미위했다. 그 까닭은 알 수 없다. 이옥의 〈상랑전〉에서는 '남편이 어리고 사나워서 받아들이지 않았다'고 했다. 또 다른 글에서는 향랑의 품행이 단정하고 상사람 같지 않게 예의범절이 반듯한 점을 남편과 시가 식구들이 아니꼽게 여겼다고 쓰여 있다. 다른 글에는 계모가 신랑 집안사람들의 품성이 나쁜 것을 알면서도 살림이 넉넉하다는 까닭으로 향랑을 강제로 시집가게 했다고 쓰여 있다. 이유야 어찌됐건 향랑은 남편과 사이가 나빴고 시부모에게서도 미움을 받아 집을 나와야 했다. 스스로 나왔지만 향랑의 입장에서는 소박맞은 것이나 다름없다. 자신에게는 아무 잘못이 없는데 일방적으로 거부당한 것이니까.

향랑은 친정으로 돌아왔지만 친정부모도 그를 반기지 않았다. 새어머니는 향랑을 미워했고 시집간 딸이 왜 돌아와서 친정에 짐이 되느냐고 나무랐다. 어떤 글에는 그해에 흉년이 크게 들어 식구들이 죽으로 겨우 끼니를 잇고 있었다는 이야기도 있다. 흉년에 먹을 입이 하나 더 늘어서였든, 출가외인이기 때문이었든 간에 향랑은 마음 편히 머물 곳이 없었다.

이어서 재혼 이야기가 나온다. 새어머니가 혼처를 구해 다시 시집갈 것을 권하자 향랑은 거절하고 다시 남편 집으로 돌아가려 했다. 그러나 시부모와 남편은 향랑을 문 안으로 들이지 않고 돌려보낸다. 이때 향랑의 부모와 시부모가 모두 '상한의 여식은 개가해도 무방하다'는 말로 향랑을 설득한다.

즉, 양반이 아닌 상사람의 딸은 일부종사를 하지 않아도 된다는 뜻이다.

이 말은 사실 매우 상식적이다. 당시의 상식에 비추어 보면 그른 말이 아니다. 조선 법에 따르면 재혼한 여자의 자손은 과거 시험을 볼 수 없었다. 여성이 재혼하면 그 자손들은 양반의 신분을 잃게 된다. 조선을 세운 사대부들은 재혼을 금지하여 여성을 유교적 가부장제에 단단히 묶어 두고 지배층인 양반의 수를 제한하려고 했다.

그러나 향랑은 상민의 딸이고 그의 자손들은 과거를 볼 일이 없다. 양반이 아닌 상민이나 천민 계층에서는 과부가 재혼하는 것이 큰 흠이 아니었다. 향랑이 과부는 아니지만 남편에게 버림받았으니, 앞으로 살아 나가려면 다른 적당한 혼처를 찾아 재혼하는 것이 자연스럽고 현실적이다. 평생 친정에 의지할 수 없다면 말이다. 그런데 향랑은 재혼을 거부했다. 재혼 혼처가 마음에 들지 않아서도 아니고, 남자라면 지긋지긋해져서 차라리 혼자 살겠다고 결심한 것도 아니었다. 여자의 도리는 두 남편을 섬기지 않는 것이기 때문이었다. 즉 향랑은 자신이 열녀의 길을 따른다고 믿은 것이다.

친정에서는 재혼을 강요하고 시부모와 남편은 인연을 끊자고 하니 향랑은 갈 곳이 없다고 생각했다. 그래서 강으로 갔다. 그곳에서 마침 이 모든 이야기를 듣고 전해 줄 나무하는 아이를 만났다. 아이에게 구구절절 사연을 전하고 구슬픈 노래까지 부른 뒤에 머리 타래와 신을 남겼다. 목격자와 증거를 남겼다. 향랑은 이렇게 죽었다. 당시 많은 이들에게 감동과 교훈을 준 완성된 이야기 한 편을 만들었다.

여러 편의 〈향랑전〉에 실린 향랑의 이야기가 모두 사실은 아닐 것이다. 향랑의 남편도 최씨라고도 하고 임씨라고도 한다. 향랑이 자살하기 전에 나무하는 아이에게 남긴 말도 곧이곧대로 믿기는 어렵다. 그렇지만 향랑이라는 한 상민 여자가 남편에게 버림받고 재혼하라는 부모의 권유를 거부하여 스스로 목숨을 끊은 것은 실제 있었던 일이다.

향랑이 죽은 뒤, 이 이야기가 임금에게도 자세히 보고되어 두 해가 지난 뒤에 향랑은 열녀로서 정려를 받았다. 이 두 해 동안 조정에서는 향랑이 열녀인지 아닌지 논란이 있었다고 한다. 조선 전기까지만 해도 남편이 죽은 뒤에 재혼하지 않으면 열녀라 했지만, 향랑이 살았던 18세기에 이르면 재혼하지 않는 것은 당연한 일이며 남편을 따라 죽거나 남편을 위해 죽어야 열녀라고 불렸다. 향랑의 경우에는 남편이 죽은 것도 아니고 남편을 구하려고 죽은 것도 아니니 판단하기 애매했을 수 있다. 오히려 향랑은 남편에게 미움과 배척을 받은 경우다. 다만, 향랑이 스스로 목숨을 끊은 까닭을 정절을 지키기 위해서, 즉 다시 시집가서 절개를 잃는 일을 당하지 않기 위해서라고 본다면, 전쟁 중에 적에게 치욕을 당할까 두려워 미리 스스로 목숨을 끊었던 여자들과 닮았다고 볼 수도 있다. 그 여자들이 열녀라면 향랑도 역시 열녀일 것이다.

《숙종실록》에는 이렇게 적혀 있다.

"선산의 향랑은 민가의 여자로, 남편의 성품과 행동이 사
나워 향랑을 무단질시하고 욕하고 때렸으며, 시부모는 개
가를 권하였으나 향랑은 무식한 시골 여자로 불경이부(不更
二夫)의 의를 알아서 죽음으로써 스스로를 지켰다."

향랑의 이야기에 깊이 감명받은 당대와 후대의 문인들도
같은 말을 했다. 가장 먼저 〈향랑전〉을 쓴 조구상이라는 사람
은 "무릇 죽음이란 장부도 어려운 것인데 하물며 부인네에게
랴, 양반도 오히려 어렵거늘 하물며 시골 여인에게랴. 시골
여인의 천한 신분으로 옛사람도 하기 어려운 일에 힘쓴 사람,
나는 향랑에게서 이것을 보았다" 하고 말했다.

김민탁은 〈열부상랑전〉에서 향랑을 이렇게 평했다. "향랑
은 궁벽한 곳의 비천한 아낙일 뿐이다. 그런데 능히 몸을 닦
고 행실을 깨끗이 하여 조용히 죽음에 나아간 것이 이와 같으
니, 향랑 같은 이는 어찌 하늘에서 얻었다고 말하지 않을 것
인가."

정조 때에 〈상랑전〉을 쓴 이옥은 향랑을 두고 "배움이나
귀천에 관계없이 타고난 성품이 아름다운 사람"이라고 평했
다. 이들 양반 문인들이 하나같이 향랑이 천한 신분에 배움이

없는 시골 여자라는 점을 들어 감탄한다. 조선의 지배층은 유교의 도덕이 하층 계급의 삶까지 완전하게 지배하기를 바랐고, 그렇게 만들기 위해 많은 노력을 했다. 향랑의 죽음은 그들에게 하나의 성공 사례가 아니었을까. 형편에 따라 두 번, 세 번 시집을 가도 괜찮은 하층 계급의 여성이 스스로 '절개'를 지키기 위해 목숨을 버렸으니 얼마나 아름답고 기특해 보였을까?

그런데, 향랑은 정말 왜 목숨을 끊었을까? 물론 두 남편을 섬기는 일이 여자의 도리가 아니라고 정말로 굳게 믿었을 수도 있다. 왜 그런 신념을 갖게 됐는지는 알 수 없지만. 그렇지만 꼭 그렇지 않을 수도 있다. 향랑은 죽기 전에 나무하는 아이에게 이렇게 말했다. 아무데도 갈 곳이 없다고. 향랑을 칭송하는 문인들은 향랑이 삼종의 도리를 말한 것이라고 한다. 남편도 부모도 시부모도 그를 버렸으니 삼종지도가 끊겼음을 한탄한 것이라고. 정말 그럴까? 그의 말 그대로 아무데도 갈 곳이 없었던 것은 아닐까?

남편은 그를 학대했기에 혼인 생활을 이어 갈 수가 없었다. 친정부모가 그를 다른 곳으로 급히 시집보내려 한 것은 향랑을 자식으로 받아들이지 않겠다는 뜻이라고 볼 수도 있다. 시가에서 내쳐지더라도 친정으로 돌아와 부모 형제와 함께 살 수 있었다면 죽음을 생각하지 않았을 것이다. 시집을 간 것도 자신의 뜻이 아니었다. 혼인이 파탄 난 것도 향랑의 잘못은 아니었는데, 친정 부모는 그를 다시 시집보내려 할 뿐 위로하고 품어 주지 않았다. 천지간에 혼자고 버림받았다는 마음이 들지 않았을까? 향랑의 재혼 혼처는 과연 멀쩡한 자리였을까? 향랑이 재혼하고 싶지 않았던 다른 까닭은 없었을까? 알 수 없는 일이다. 향랑은 열녀가 되어 실록에 이름이 올랐고 정려문은 이미 내려졌다. 향랑이 목숨을 끊은 까닭도 이미 많은 사람들이 답을 내렸다. 천한 백성도 숭고한 일을 할 수 있다는 아름다운 사례가 되었다.

18세기 이후에는 실제로 평민층에서도 열녀가 많이 나왔다고 한다. 남편의 장례를 치르자마자 목을 매고, 남편의 병을 고치기 위해 손가락을 자르고 허벅지 살을 베어 낸 여자들. 비슷한 일이 하도 많아 일일이 정려하기 어려우니 선별하라는 조정의 명이 있었다 하니, 그이들은 향랑처럼 크게 주목받지는 못했던 것 같다. 그렇지만 그들이 거의 모두 비슷한 행동을 했더라도, 한 사람, 한 사람 들여다보면 다 다른 사연이 있지 않을까? 그들을 만나서 왜, 어쩌다가 열녀가 되었는지 물어보고 싶다.

가엾은 기생 팔자

기생은 어떤 사람들이었을까? 영화나 드라마에서 자주 봐서 그런지 마치 우리가 잘 아는 것 같다. 가장 이름난 사람이라면 아마도 황진이일 거다. 황진이를 주인공으로 한 드라마나 영화, 소설은 나오고 또 나온다. 하지만 황진이가 언제 태어났고 언제 세상을 떠났는지는 잘 모른다. 부모가 누구인지, 본디 이름이 무언지도. 누구나 이 사람을 알지만 실은 아무도 모른다.

내가 본 영화나 드라마에서 기생이라는 사람들은 화사하게 차려입고, 거문고(인지 가야금인지) 소리가 은은하게 들려오는 기방이라고들 하는 큰 기와집 널찍한 방에서 음식과 술이 가득 차려진 상을 앞에 두고 갓 쓰고 도포 입은 양반 남자들 사이에 앉아 술을 따르고, 얘기를 주고받고, 가끔은 노래도 부르고 춤도 추는 사람들이다. 물론 다 여성들이다. 그래서 어느새 기생이란 기방에서 '일(손님 접대)'하는 여성들이란 생각을 하게 되었다.

그런데 옛글들을 읽다 보니 좀 달랐다. 기생은 대부분 관기다. 서울과 지방 관아에 속해 있다. 이 사람들은 관청, 즉 나라에 매인 사람들이다. 나라가 부여한 역할이 '접대'고, 한번 관가 명부에 이름이 오르면 나이 오십이 될 때까지 일을 그만둘 수 없었다. 신분은 천민이고, 자식을 낳으면 자식도 천민이 되었다. 딸이면 그 아이도 기생이 되어야 했다.

지방 관기들은 나라에서 큰 잔치가 있을 때 한양으로 뽑혀 가기도 했다. 다른 고을에서 부임해 온 지방관과 한양에서 출장 온 관리들, 지방관을 만나러 온 손님들과 잠자리를 해야 했다. 관가 행사는 의무로 나가야 했고, 여염집 잔치에도 불려 가서 흥을 돋워 주고 보수를 받았다.

기생들은 신분이 높은 남성들과 가까이 지낼 수 있었다. 옷을 화려하게 입고 값비싼 노리개를 갖출 수도 있었다. 간혹 큰 재산을 모은 사람도 있었다고 한다. 하지만 편하고 좋은 일은 아니었을 것이다. 남 비위 맞춰 주는 일처럼 힘든 일도 없으니까. 마음대로 그만둘 수도 없으니 말이다.

기생들은 글을 배웠고, 시를 쓰고 그림을 그리고 악기를 연주하고, 노래를 부르고 춤을 출 줄 알았다. 양반 남성들이 즐기는 문화와 놀이를 함께 즐겨 주는 게 이 사람들 일이기 때문이다. 아주 어릴 때부터 이러한 기예를 배워야 했다. 재주가 뛰어난 사람들은 그 이름이 널리 알려졌다. 여성이고 천민이지만 황진이나 매창처럼 자기 생각을 글로 남길 수도 있었다. 그리고 아무도 이 사람들에게는 정절을 요구하지 않았다고 한다. 조선 시대 여성으로서는 무척 드문 일이다.

조선 전기, 선비 성현이 온갖 것을 다 적어 엮은 책《용재총화》와 조선 중기, 역시 온갖 것을 다 써 낸 유몽인의《어우야담》에서 기생에 대한 이야기를 골라서 읽어 보았다. 성현은 스스로 '아, 이거 정말 재미있는 얘기다' 싶어 신이 나서 쓴 것 같은데, 좀 나중 사람인 유몽인은 '재미있는 이야기지만, 내가 이런 걸 재미있어 하는 걸 남들이 눈치챌까' 걱정하며 쓴 것 같다. 글 마무리에 늘 유교적 도덕과 교훈을 강조하는 걸 보면 말이다. 이 두 남성 선비들은 어쨌건 기생들과 얽힌 재미있는 이야기를 기생들 이름과 함께 글로 써서 남겼다. 지금 읽는 사람인 나로서는 차마 웃지 못할 얘기들이 많지만.

《용재총화》에 실린 이야기다.

김 아무개라는 이가 경차관(임금의 명을 받아 여러 고을에 출장을 가서 이런저런 일을 하는 관리를 말한다)이 되어 경상도 밀양에 갔다. 밀양부사는 나이 어린 관기에게 김 아무개를 잠자리에서 모시라고 명했다. 하지만 어린 기생은 첫날 밤 너무나 무서워서 도망을 치고 말았다. 김 아무개가 쫓아 나갔지만 이미 달아나고 없었다나.

실망한 김 아무개에게 밀양 선비 김종직(무오사화를 일으키고 '조의제문'을 쓴 이)이 '대중래'라는 기생을 소개해 주었다. 김 아무개는 영남루에서 밀양부사가 연 잔치에서 대중래를 처음 보고 한눈에 반했다. 바로 그날 밤 대중래와 잠자리를 했다.

다음 날부터 김 아무개는 대낮에도 문을 닫고 휘장을 치고 대중래와 방에 틀어박혀 나올 줄을 몰랐다고 한다. 밥상을 들고 가도 얼굴을 볼 수 없었다나? 김종직이 이 소문을 듣고 찾아와 (무례하게도!) 방문을 벌컥 열었더니, 김 아무개와 대중래가 서로 안고 누워 손발을 엇갈려 잡고 있었는데 온몸에 글씨를 새카맣게 써 놓았다고 한다. 글씨는 모두 사랑을 맹세하는 말이었다 한다.

김 아무개는 나랏일을 해야 해서 밀양을 떠나 여러 고을을 돌아다녔다. 일을 마치면 밀양으로 돌아와 대중래와 다시 만났다. 수십 일을 또 방에만 틀어박혀 있으니 밀양부사가 보다 못해 송별연을 열었다. 이제 그만 좀 가라는 뜻이었다.

어쩔 수 없이 떠날 날이 되어 두 사람은 끌어안고 울며 이별했다. 그날 밤 어느 역에 이르러 하룻밤 묵는데, 김 아무개는 대중래가 보고 싶은 마음을 도저히 참을 수 없어 밤길을 달려 돌아오고 말았다.

차마 관아에 들어가지 못하고 우물가에서 서성이다 물 긷는 노파를 붙들고 대중래 집이 어디냐고 물었다. 노파는 "대중래는 지금 본 남편과 자고 있습니다" 하고 답했다. 관기들은 대개 남편을 두었다고 한다. 김 아무개는 노파한테 대중래에게 자기가 왔다고 말이나 전해 달라 사정했다.

대중래 남편은 자리를 피해 주었고, 김 아무개는 대중래와 다시 만나 또 꿈같은 며칠을 보냈다. 보다 못한 대중래의 부모가 김 아무개를 쫓아내고야 만다. 둘은 대숲에서 손을 붙들고 대성통곡을 했다나.

결국 김 아무개는 대중래를 한양으로 데려가려 했지만 말이 세 필뿐이었다. 한 필은 자기가 타고, 한 필은 짐을 싣고, 한 필은 수행하는 역졸이 타야 하는데, 역졸은 걷게 하고 대중래를 태웠다. 역졸은 무거운 신발을 신고 걷기가 힘들어 신을 벗어 말 목에 걸고 맨발로 걸었다고 한다. 마침내 역에 도착하니 역졸이 모자를 벗어 섬돌에 팽개치며, "이놈 저놈 겪어 보았지만 이렇게 들러붙는 놈은 처음이다" 하며 분을 터트렸단다.

김 아무개는 끝내 경상감사의 허락을 받아 대중래를 소실로 들였고 아들을 둘 낳고 잘 살았다 한다. 뭐 잘 살았다니 다행이다. 선비와 기생이 사랑을 이룬 이야기라고 볼 수도 있겠다. 그런데 김 아무개가 무서워서 잠자리에서 도망친 어린 기생은 어찌 됐을까?

다음은 유몽인이 쓴 《어우야담》에 실린 이야기다.

어느 나이 든 병마절도사(각 도의 군대를 지휘했던 벼슬)가

임기 내내 어린 기생에게 병영의 재물을 다 없애 버릴 만큼 푹 빠져 지냈다 한다. 임기가 다해 돌아가는 날, 절도사는 어린 기생을 붙들고 소매가 다 젖도록 울었다. 하지만 기생은 눈물 한 방울 흘리지 않았다. 기생의 부모가 이 모습을 보고 자기들이 우는 시늉을 하며 딸에게 '울어라 이것아!' 하며 눈치를 주었다. 그런데도 기생은 나이도 어리고 정도 없어서 울려고 해도 눈물이 나오지 않았다고 한다.

보다 못한 부모가 손짓으로 딸을 불러 외딴곳으로 데려가 꾸짖었단다. "나리가 너에게 쓴 재물이 얼마인데! 그래서 우리 집이 이만큼 살게 되었는데! 너는 어찌 목석이냐? 왜 눈물을 보이지 않느냐!" 어린 기생의 부모는 딸을 주먹으로 마구 때리고 꼬집었다.

기생은 아파서 엉엉 울었고, 울면서 절도사 나리에게 돌아가니 둘이 부둥켜안고 폭포가 쏟아져 내리듯 울었다고 한다. 절도사는 "얘야, 울지 마라, 네가 우니 내가 더 슬프구나. 울지 마라, 얘야" 흐느끼며 말했단다.

이 글을 읽으니 내가 다 울고 싶어졌다.

어린 기생들 참 가엾지 않은가? 오륙백 년 전 일이라 해도 말이다.

조선 시대 성폭력 사건

〈재상가 서녀 진복의 일생〉

옛날, 아마도 조선 중기쯤, 이름을 밝힐 수 없는 한 재상에게 첩이 낳은 딸이 있었다. 이름은 진복이다. 왜 이름을 밝힐 수 없냐면, 이 딸의 행실이 무척 '추잡해서' 이름이 알려지면 집안에 큰 누가 될 수 있기 때문이다. 진복이가 아직 아기일 때, 재상은 용하다는 무당과 점쟁이들을 불러 딸의 운세를 물었다. 그들은 모두 이 아기를 부모가 기르는 것은 마땅치 않고, 남의 집에 주어 기르는 것이 좋다고 말했다. 아마도 부모와 좋지 않은 '살'이 들었다거나, 부모와 살면 수명이 짧아진다거나, 집안에 화를 일으킬 사주라거나, 그런 까닭이었을 것이다.

그리하여 진복이 부모는 수양부모를 찾게 되는데, 마침

재상집에 드나들며 대소사를 돕고, 재상의 첩인 진복이 어머니와도 가까이 지내던 노파가 한양에 살았다. 이 노파는 젊은 시절 장사를 하여 재산도 꽤 많았고 자식도 없었다. 진복이 어머니에게 사정을 들은 노파는 기꺼이 진복이를 수양딸로 맞아 잘 길러서 자기 재산도 물려주겠노라고 약속을 했다.

노파는 약속대로 진복이를 맡아 곱게 길렀다. 진복이가 이팔청춘이 되니 자태가 점점 고와졌다. 노파는 진복이를 마치 친딸처럼 사랑했다. 노파는 자식이 없었지만 일가친척은 많았다. 그이들은 노파가 자기들 자식을 후사로 삼아 재산을 물려주기를 바랐다. 그런데 진복이가 수양딸로 들어와 그 바람을 이룰 수 없게 되자 친척들은 분노했다. 어째서 혈연을 나 몰라라 하고 성씨도 다른 권세가의 딸에게 재산을 물려준단 말인가. 친척들은 모여서 방법을 궁리했다. 노파가 진복이를 내치게 만들 방법을. 그리하여 친척 가운데 말재주 좋고 간교한 이가 꾀를 냈다. 그는 노파 몰래 진복이를 만나 살살 구슬렸다.

"얼마 전, 승정원 주서(정칠품 벼슬)를 지내는 젊은 선비가 집 앞을 지나다가 아가씨를 보고는 발길을 돌리지 못하더라. 그가 말하길 '이 집에 있는 이가 뉘 집 딸인가? 참으로 절세 미인이로다. 내가 천금을 들이더라도 꼭 첩으로 삼고 싶으니 말을 건네 주지 않겠는가? 허락만 한다면 내가 날을 정해 말과 하인을 보내 맞으러 오겠노라' 하고 말했다네. 하지만 이

댁 아주머님은 본시 욕심이 많아 아가씨를 돈 많은 장사치에게 시집보내려고 한다네. 비록 서출이라 하나 아가씨는 재상가의 딸인데, 어찌 장사치의 아내가 될 수 있겠는가? 아가씨도 시집갈 나이가 되었으니 빨리 계책을 세워야 할 것이네."

진복이는 처음에는 부끄러워 아무 대답도 하지 않았다. 하지만 친척이 여러 날 드나들며 듣기 좋은 말로 꾀어 설득하니 점점 마음이 흔들렸다. 그리고 마침내 친척 말을 따르기로 마음먹고 날짜를 정해 '승정원 선비'에게 알리라고 말했다. 진복이도 은근히 친어머니처럼 권세 있는 양반의 첩이 되고 싶은 마음이 있었다.

곧 말과 하인이 집 앞에 왔고, 진복이는 곱게 화장을 하고 좋은 옷을 차려입고 밤을 틈타 몰래 집을 빠져나갔다. 구불구불한 골목을 여러 굽이 지나, 널찍한 큰길을 한참 내달려, 활짝 열린 높다란 대문 앞에 멈춰 말에서 내리니, 노파의 친척이 나와 진복이를 집 안으로 데리고 들어갔다. 커다란 연못이 있는 넓은 뜰 가운데 높다란 집이 서 있었지만 인기척은 전혀 없었다. 집 안에는 병풍과 장막이 빙 둘러져 있었다. 친척은 진복이를 병풍 속에 앉혀 놓고 어디론가 가 버렸다. 이때 어디선가 수염을 길게 기르고 맨발에 베옷을 걸친 남자가 나타나 별안간 진복이를 껴안더니 '마음껏 몹쓸 짓'을 하고 나서 달아나 버렸다. 집 안에는 시중꾼도 하나 없고 노파의 친척도 온데간데없었다.

진복이는 홀로 밤을 지샌 뒤 날이 밝자 밖으로 나가 이웃에게 이 집이 무슨 집이냐고 물었다. 이웃은 사헌부라고 대답했다. 사헌부에 수염을 길게 기른 이가 있느냐고 물으니, 사헌부의 먹자(사헌부에 딸린 사령의 하나로 역적의 집 대문에 먹칠하는 일을 했다) 가운데 그런 이가 있다고 답했다. 승정원 젊은 선비는 새빨간 거짓말이고 자기가 속았음을 알게 된 진복이는 저잣거리를 헤매다가 한낮이 다 되어서야 겨우 집으로 돌아왔다. 노파에게 자초지종을 말하자, '내가 우리 상국 나으리 댁에 할 말이 없게 되었다'며 크게 탄식했다.

　사실을 알게 된 재상집에서는 더 이상 진복이를 딸로 여기지 않고 쫓아내 노파에게 아주 주어 버렸다. 노파도 진복이에 대한 사랑을 거두었다. 의지할 곳을 잃은 진복이는 결국 창기가 되어 평생을 천하고 가난하게 살았다.

　이 이야기는 조선 시대 선비 유몽인이 쓴 《어우야담》에 실린 〈재상가 서녀 진복의 일생〉이다. 그 재상가가 어느 집인가를 빼면 무척이나 상세하고 구체적이어서, 그때 실제로 일어났던 일, 꽤나 소문이 자자했던 사건이 아니었을까 싶다. 사실이라면 참혹한 일이며 범죄이기도 하다. 양갓집의 어린 여자를 속이고 꾀어내 강간을 당하게 했으니, 조선의 법으로도 중죄라 할 수 있다. 하지만 법적인 조치는 없었던 것 같다. 사헌부 건물 안에서 진복이에게 못된 짓을 한 자는 사헌부의 먹자이니 신원이 확실하다. 그러나 그가 처벌을 받았다는 이야기는 없다. 진복이에게 거짓말을 해서 꾀어낸 노파의 친척이 벌을 받았다는 이야기도 없다. 정작 벌을 받은 이는 진복이다. '몸을 망쳐서' 부모에게 의절당하고, 자포자기하여 스스로 창기가 되어 평생을 가난하고 불행하게 살았다. 그 삶이 한 선비의 문집에 실려 후세에 알려지게 되었으나, 그 글에도 동정은 전혀 없었다.

유몽인은 이 이야기 끝에 자기 생각을 이렇게 덧붙였다. "아! 진복은 한때의 음부(성격이나 행동이 문란하고 방탕한 여자)이니, 마음가짐을 한 번 잘못 먹어서 종신토록 수치스럽고 욕된 삶을 산 것 또한 마땅하다고 하겠다. 다만 사람의 시기심과 사특한 마음이 사람을 이처럼 헤아릴 수 없는 곳에 빠뜨릴 수 있으니 이를 두려워하지 않을 수 있겠는가."

진복이의 잘못은 멋대로 남자를 쫓아 집을 나간 것일까, 아니면 꼬임에 속아 넘어간 것일까, 아니면 사헌부 먹자에게 '몹쓸 짓'을 당한 것일까, 아니면 그런 일을 당하고도 목숨을 끊지 않은 것일까? 진복이가 자살을 했다면 유몽인이 조금은 그를 동정하고 가해자들에게 분노했을까?

민간에 전해지는 온갖 이야기를 글로 엮어 귀한 자료를 후세에 남긴 유몽인은 그때 기준에서는 고루하고 답답한 사람이 아니었다. 당파에 휘둘리지 않으며 소신을 지켰고, 그 때문에 정치적 부침을 겪었다. 마지막에는 역모를 꾀했다는 무고를 받아 아들과 함께 사약을 받았다. 자유분방한 문인이며 지조 있는 선비였던 유몽인이, 남자가 여자에게 저지른 '성범죄'를 한결같이 '정욕'의 문제며, 여자 잘못이라고 논평하는 까닭은 그가 단지 사백여 년 전에 살았던 조선 시대 사람이기 때문만은 아니다.

유몽인이 했던 생각과 말이 세월이 흐른 지금도 강한 힘을 갖고 있음을 언제나 느낀다. 모든 범죄 가운데서 성범죄만은 가해자보다 피해자가 의심과 비난을 받고, '범죄'보다는 '성'에 초점을 맞춰서 선정적으로 이야기된다. 가해자는 본성을 이기지 못한 것뿐이고, 피해자가 몸단속을 잘못했으니 더 큰 책임이 있다는 말을, 우리는 지금도 날마다 듣지 않는가? 때로는 노골적으로, 때로는 교묘하게 말이다. 유몽인의 글을 읽고 그 깊고 깊은 뿌리를 다시금 확인했다.

김은애 살인 사건,
진짜 살인자는 누구?

살인 사건 이야기를 해 볼까 한다. 1790년, 정조 14년
에 전라도 강진현 탑동리에서 일어난 일이다. 김은애라는 사
람이 살인을 했다. 김은애는 나이가 열여덟이고 혼인한 지 얼
마 되지 않았다. 피해자는 한마을에 사는 안씨 성을 가진 노
파로 은퇴한 기생이다. 김은애는 이 노파를 칼로 열여덟 번이
나 찔러 살해했다. 이 잔혹한 살인 사건은 당시 사회에 큰 충
격을 주었고, 김은애가 받을 처벌에 대해 조정에서도 의견이
분분했다고 한다. 임금과 조정 대신들 사이에서도 의견이 갈
렸다. 체포된 범인 김은애를 아홉 차례 심문하고, 주변 사람
들을 조사한 내용을 마지막으로 임금이 검토한 뒤 김은애를
사면했다. 실학자 이덕무가 임금의 명을 받아 이 이야기를 적

어 〈은애전〉으로 남겼다.

사건의 내용은 이렇다. 안씨 노파는 성품이 음흉하고 남의 말 하기를 즐기는 사람이었다. 한마을에 사는 은애의 부모에게서 때때로 양식이나 반찬거리를 얻어먹곤 했는데, 달라고 했지만 주지 않은 적이 몇 번 있었다고 한다. 안씨는 이때부터 앙심을 품고 보복할 마음을 먹었다고 한다.

안씨에게는 한마을에 사는 열서너 살 먹은 조카손자가 있었다. 이 소년의 이름은 최정련으로 안씨는 은애에게 장가를 들게 해 주겠다고 정련을 꼬였다. 안씨는 정련을 시켜서 '은애와 정련이 이미 그렇고 그런 사이'라고 소문을 내게 했다. 당시 은애는 아직 혼인 전이었다. 안씨는 남편에게도 '은애가 정련이와 혼인하고 싶어서 내게 중매를 청했다. 우리 집에서 몰래 만나게 해 주었다'고 말을 꾸며 냈다. 남편은 '은애는 규중처녀인데 그런 말을 함부로 하지 말라'고 나무랐지만 소문은 이날부터 퍼지고 퍼져서 걷잡을 수 없게 되었다.

〈은애전〉이 어디서 많이 들어 본 이야기 같다면 맞다. '서동요'와 줄거리가 똑같다. 공주가 밤마다 서동을 만나 놀아난다는 소문을 노래로 만들어 퍼트린 다음 마침내 쫓겨난 공주와 혼인했더라는. 서동 설화는 문자 그대로 사실이라고 믿기 어려운 부분이 있지만, 서동에게서 영감을 받은 듯한 〈은애전〉 속 여러 사건들은 있는 그대로 사실이다. 은애가 당한 일도 그렇고, 마음에 드는 여자가 있으면 나랑 사귄다, 내지는 잤다고 소문을 퍼트려서 끝내 '내 여자'로 만든다, 하는 누구나 한 번은 들어 봤을 법한 시시껄렁한 이야기들은 케케묵은 수법이긴 하지만 요즘도 없는 일은 아니다.

은애는 하루아침에 생뚱맞은 남자애와 소문이 나 버렸고, 조선 시대에 이런 일은 여자에게 치명적이었다. 소문은 사람들 입을 거쳐 갈수록 부풀어 오르고, 게다가 없는 일을 없다고 증명하는 것은 세상에서 가장 어려운 일 가운데 하나다. 은애는 결백을 주장하지만 사람들은 뒤에서 수군대고, '아니 땐 굴뚝' 어쩌구 하며 소문은 퍼져 나갔을 것이다.

은애는 이 일로 혼담이 끊겼지만, 마을 사람 김양준이란 이가 은애를 믿어 주어 그와 혼인하게 되었다. 이미 두 해 동안이나 소문에 시달린 뒤였다. 은애가 혼인하자 안씨 노파는 또 다른 말을 지어냈다. '은애가 정련이와 혼인시켜 주면 내 약값을 자기가 대 주겠다고 해 놓고 다른 남자에게 시집을 가 버렸다' '약을 사지 못해 내가 죽게 되었으니 은애가 내 원수다' 하는. 은애는 누가 처음 소문을 지어냈는지 알았고, 마을 사람들도 이미 다 아는 상황이었다. 하지만 은애는 안씨를 막을 수 없었고, 마을 사람들은 소문이 사실인지 아닌지는 관심이 없었다. 중요한 것은 소문이 났다는 것뿐이다.

안씨의 모함이 날로 심해졌고 은애는 마침내 마음먹고 칼을 준비한 뒤 깊은 밤 안씨를 찾아갔다. 은애는 안씨를 무려 열여덟 차례나 찔러 살해했다. 〈은애전〉에는 이 살해 과정이 무척 상세하게 적혀 있다. 오른쪽 목, 왼쪽 목, 견갑골, 겨드랑이, 팔다리, 장딴지 들을 칼로 한 번 찌를 때마다 큰 소리로 안씨를 꾸짖고 분을 토했다고 하니, 두 해 동안 뻔히 가해자를 곁에 두고 겪은 고통이 어느 정도였는지 알겠다.

안씨를 죽이고 나서 은애는 최정련의 집으로 갔다. 이 '서동'도 마땅히 죗값을 치러야 한다고 생각했을 것이다. 하지만 가지 못했다. 은애의 어머니가 쫓아와서 울며 말렸기 때문이기도 하고, 하룻밤에 두 사람을 살해하기는 어려웠을 것이다. 안씨를 죽이고 나서 마을에 소동이 일어났을 테니.

은애는 곧바로 잡혀 옥에 갇혔고 강진현감 박재순이 은애를 심문했다. 현감은 은애가 어리고 연약한 여자인데 살해 방법이 잔혹하고 혼자 힘으로는 저지르기 어렵다며 공범이 있을 것으로 짐작해 추궁했지만 은애는 부인했다. 그리고 두 해동안 참았던 모함과 소문에 대한 진상을 털어놓았다.

"규방의 처녀가 무고를 입을라치면 비록 몸을 더럽히지 않았다해도 더럽혀진 것이나 다름이 없지요. 할멈은 본시 한낱 기생의 몸으로 규방의 처녀를 모함하였으니, 고금을 통하여 천하에 이럴 수가 있습니까? (줄임) 제가 어제 할멈을 죽였으므로 오늘 이 몸이 죽는 것은 당연합니다. 그러나 할멈은 이미 죽었고, 남을 모함한 죄를 물을 곳이 없어졌습니다. 원컨대 관가에서는 정련을 때려 죽여 주옵소서."[14]

은애는 정절에 대한 모함은 사실 여부를 떠나서 여자에게 치명적이라는 것, 죽을 각오를 하고 노파를 죽였다는 것, 관에서는 모함을 처벌해 주지 않는다는 것, 최정련을 처벌해 달라는 것, 공범은 없다는 것을 말했다.

은애 사건은 관찰사를 거쳐 임금에게 보고되었고, 조정에서는 토론이 벌어졌다. 좌의정 채제공은 원칙론에 입각해 아무리 원한이 컸어도 관에 호소해서 해결했어야 할 일인데 살인을 저질렀으니 처벌이 불가피하다는 입장이었다. 정조 임금은 여자가 정절에 대한 모함을 당했다면 이런 식으로 원수를 갚았다 해도 죄가 아니라고 주장했다. 임금은 은애의 상황을 이해하고 동정했다. 그리고 기본적으로 여자의 정절이 목숨과 맞먹는, 또는 그보다 더 높은 가치라고 보았기 때문에 은애가 당한 일을 일종의 인격 살인이라고 보았다. 그렇다면 은애의 살인은 정당방위가 된다. 또한 임금은 은애의 일이 백성들의 풍속을 교화하는 데 도움이 될 거라고 생각했다. 실록에는 정조가 "사람으로서 윤리와 절개가 없는 자는 짐승과 다름이 없는데 이것(김은애 사건)이 풍속과 교화에 도움이 되지 않을 수 없을 것이다" 하고 말했다는 기록이 있다. 김은애를 사면하고 〈은애전〉을 지은 까닭도 여기에 있다.

최정련은 나이가 어리고 노파의 꼬임에 넘어갔을 뿐이라는 까닭으로 처벌을 받지 않았다. 임금은 꼼꼼하게도 은애를 풀어 주면 최정련에게 다시 보복할까 염려하여 공문을 내려

은애에게 더 이상 보복하지 않겠다는 각서까지 받았다. 김은애 살인 사건은 이렇게 끝났다.

나에게 의견을 말하라고 한다면, 은애가 당한 일을 생각하면 안씨 노파를 죽이고 최정련을 죽이러 나선 은애의 행동이 놀랍지 않다. 비난할 수도 없다. 언제 끝날지 모르는 고통과 모욕을 멈출 다른 방법이 없었다면 말이다.

소문을 옮기는 사람들 입은 무책임하고 공권력은 도움이 되지 않았다. 여성에 대한 성적인 모욕은 지금도 빈번하게 일어나는 범죄고 피해자가 입는 타격은 크다. 정절이 목숨이던 시대, 힘없는 평민 여자가 두 해 동안이나 모함에 시달리고도 자살하지 않고 오히려 가해자를 응징하러 나섰다는 데서 이 이야기가 좀 다르게 느껴지기도 한다. 여자들은 비슷한 경우에 대부분 자살하는 길을 택했기 때문이다.

은애에게 파격적인 사면령을 내렸던 임금과 조정 관리들의 생각은 좀 달랐을 것이다. 김은애가 '정절'이 아닌 다른 까닭으로 괴롭힘을 당하다가 살인을 저질렀다면 이렇게 관대한 처분은 받지 못했을 것 같다. 김은애 사건에서 뽑아낼 수 있는 교훈이 그들 입맛에 딱 맞았다. 그리고 안씨 노파는 천민이었다. 이 점도 무시할 수 없었을 것이다.

이씨 부인의
극한 생존 시집살이

때는 아마도 1800년대 중반쯤, 지역은 한양이 아닌 지방 어느 시골이었을 것이다. 어느 양반집 규수가 열다섯 살에 혼인을 했다. 이 규수는 '이한림'의 증손녀요 '정학사'의 외손녀로, '김한림'의 증손자와 혼인했다. 할아버지와 외할아버지의 관직이 소개되는 까닭은 아마 아버지 대에는 벼슬길에 나가지 못했기 때문일 것이다. 18, 19세기 조선에서 지방의 선비가 과거에 급제해 관직에 나가는 일은 아주 드물었고, 몇 개의 가문이 관직을 독점했다.

어쨌든 이 열다섯 살 새색시가 이번 이야기의 주인공이다. '이씨 부인'이 된 이 여성은 당시 관습에 따라 혼인하자마자 신행길에 올랐다. 주인공은 집안이 넉넉해 시집가는 행차가 무척 호화로웠다. 따르는 하인이 수십 명이었고, 수레에 신고 등에 진 신혼살림과 예물이 바리바리, 이바지 음식에 술에, 신부는 꽃가마를 탔고, 훤칠한 오라버니는 말을 타고 뒤를 따랐다. 그런데 시집이 있는 마을에 들어서니 점점 분위기가 수상해졌다. 온 마을 사람들이 길에 나와 신부를 구경하는 것은 그럴 만한 일인데 저희들끼리 수군수군 끌끌 혀를 차는 소리가 들려왔다. 수군거리는 말인즉, '신부가 속았다'는 것이다.

마침내 시집에 다다르니 그 까닭을 바로 알 수 있었다. 시집은 그야말로 다 쓰러져 가는 오막살이였다. 신행을 따라온 하인들 밥은 먹여 보낼 수 있을까 걱정할 정도로 가난한 살림이었다. 오라버니가 말했다.

"가세가 이러하니 하릴없다. 도로 가자. 차마 혼자 못 가겠다. 어여쁜 우리 누이 이 고생을 어찌하리. 두말 말고 도로 가자."

하지만 우리 주인공은 '여자의 도리'와 '삼종지도의 중한 법'을 들어 거절하고 오히려 오라버니에게 좋은 말로 둘러대어 친정 부모님을 걱정시키지 말아 달라고 당부한다. 오라버니와 친정 식솔들은 돌아가고 신부는 혼자 시집에 남았다. 그렇게 이씨 부인의 '극한 생존 시집살이'가 시작되었다.

사실 이 이야기의 주인공은 실존 인물이 아니다. 이씨 부인은 조선 후기 크게 유행했던 규방가사(조선 시대에 부녀자가 짓거나 읊은 가사 작품을 통틀어 이르는 말)인 〈복선화음가〉의 작중 화자다. 〈복선화음가〉는 시집가는 딸에게 주는 교훈을 담은 이른바 〈계녀가〉 갈래에 드는 가사다. 일반적인 〈계녀가〉가 보통 시부모 섬기기, 남편 섬기기, 친척과 화목하기, 제사 모시기, 손님 대접하기, 태교, 육아, 하인 거느리기, 살림하기, 시집살이 하는 마음가짐 들을 순서대로 조목조목 일러 주는 내용이라면, 〈복선화음가〉는 조금 다르게 '살림 잘해서 재산 모으기'라는 한 주제에 집중한다. 즉, '가난한 시집을 일으켜 세워 마침내 부자가 되는' 이야기로 어머니(주인공 이씨 부인)가 자신의 경험(성공)담을 딸에게 들려주는 형식이다.

이씨 부인이 겪는 일들은 비현실적이고 과장되어 있지만 (혼인하는 상대의 집안 형편을 전혀 몰랐다는 점부터가 그렇다) 이 이야기에는 많은 사실과 의미들이 담겨 있다. 그 시대 사람들의 생각에서부터 살림살이, 경제 관념, 시집살이, 여성 노동, 망상에 가깝게 되어 버린 과거 급제를 통한 입신출세 들까지 한마디로 무척 재미있다. 당시 규방가사 가운데서도 인기가 많아 여러 사람들이 돌려 읽고 베껴 써서, 여든 편 정도 서로 다른 이본이 남아 있다고 한다.

다시 '극한 생존 시집살이'로 돌아가면, 우리 주인공은 새며느리로서 사당에 인사를 드리고 사흘을 지낸 뒤 우선 부엌 살림부터 살폈다. 그런데 오래 살필 것도 없이 당장 굶게 생겼다는 사실을 깨닫는다. '부엌으로 내려가니 소슬한 찬 부엌에는 탕관 하나뿐'이고, 밥 지을 곡식 한 톨 없는데 나이 어린

신랑은 〈사략〉 첫째 권을 읽고 있고, 늙은 시부모는 '망령 난 소리'나 해 댄다. 급히 하인을 불러(그런데도 집에 하인은 있다. 나는 조선 시대 양반들의 가난이 늘 경이롭다) 이웃에 쌀을 꾸어 오라 보냈더니 돌아와 하는 말이 "전에 꾼 쌀 아니 주고 염치없이 또 왔느냐? 두말 말고 바삐 가라"고 했다 한다.

이 와중에 전혀 도움이 되지 않는 건 글 읽는 남편이요, 도움은커녕 해만 끼치는 건 시아버지다. 시아버지는 손님이 찾아오자 술 사 오고 밥하라고 호령이나 할 줄 알지, 며느리가 시부모와 남편 밥해 주고 하인도 먹이느라 내리 두 끼나 굶은 줄은 모르는 양반이다. '접빈객' 도리를 하느라 인두와 가위를 전당 잡혀 술과 양식을 사고 며느리는 또 끼니를 굶었다. 그런데도 '이틀 사흘 묵은 손님 (간다는데) 만류하기 무슨 일인고?'에서 보듯이 그저 자기 체면밖에 모른다.

이쯤 되면 시아버지고 뭐고 확 뒤집어엎고 친정으로 갈 만도 하지만, 우리 주인공은 그런 사람이 아니다. 주인공 이씨 부인은 《소학》《효경》《열녀전》을 십여 세에 외어 내고, 처신 범절 행동거지 침선 방적 수 놓기도 열네 살에 통달한' 학식과 부덕과 여공의 기술을 완벽하게 갖춘 사람이다.

혼수도 다 팔아 썼고 친정의 급한 도움도 받을 만큼 받았다. '봉제사, 접빈객' 하느라 허리띠 졸라매고 굶기도 수없이 했다. 이씨 부인은 드디어 결심을 하게 되었다. 재산을 모으겠다고. 그 뒤로 이야기는 다소 판타지로 흘러가는데 가난한 시집살이를 생각하면 더욱 그렇다. 짐작컨대 지은이는 실제로 노동을 해서 재산을 모아 본 사람은 아니었던 것 같다.

어쨌거나 이씨 부인은 '수족이 다 성하고 이목구비 온전하니, 내 힘써 내 먹으면 그 무엇을 부러우랴' 하고는 '비단치마 입던 허리 행주치마 둘러 입고, 운혜 당혜 신던 발에 석새 짚신 졸여 신고' 살림 일으켜 세우기에 나섰다. 이씨 부인이 한 일과 이뤄 낸 것들은 다음과 같다.

묵은 채마밭 일궈 채소 심어 내다 팔기, 뽕을 따 누에 쳐 오색 당사 고운 실로 필필이 비단 짜기, 칠십 노인 수의, 새색시 새신랑 예복, 어린아이 색동옷, 대신의 관복처럼 온갖 옷 짓는 삯바느질 하기, 저녁 땐 불로 새벽밥을 짓는 극도의 근면 절약으로 한 냥 모아 한 관이 되고, 관을 모아 백이 되니 울을 뜯고 새 담을 치고, 집을 짓고 기와 얹어 앞들에 좋은 전답을 사고, 마구간엔 노새와 나귀가 한가득이 되었다. 올벼 타작 일천 석에 늦벼 타작이 이천 석에 도지 쌀은 칠백 석에 세찬 값이 팔천 냥이다. 시중드는 몸종 열둘에, 음식 하는 노비가 스물둘이다. 날마다 소를 잡아 시부모 봉양하고 반찬거리 넘쳐 나 아침저녁이 다르고, 온갖 과실에 약주에 다락마다 열두 찬합이요, 꿀병, 사탕, 편강, 약과, 산적 장볶이, 대추, 호두, 전복쌈, 육포⋯⋯. 숨이 차게 읊어 댈 정도다.

이 모든 것을 오직 우리 주인공이 새벽부터 밤까지 쉬지 않고 농사짓고 비단 짜고 수놓고 삯바느질해서 이뤘다는 이야기인데 물론 곧이곧대로 들을 필요는 없다. 그럼 그사이 다른 식구들은 무엇을 했는가. 전혀 언급되지 않다가 원하던 것을 다 이룬 주인공이 국화주 한 잔 마시고 몸종이 읽어 주는 소설책 들으며 낮잠에 빠져들던 어느 날, 뜬금없이 장원급제한 남편이 어사화를 꽂고 축하 행렬을 이끌고 나타난다. 어딘지 케이크 위 체리 장식처럼 어색해 보이는 이 사건은 주인공의 수많은 성취들 가운데 마지막으로 완성되었다. 정말 다 이룬 것이다. 살림 일구느라 바빠서 남편이 과거 보러 간 줄도 몰랐는가 하고 묻지는 말자. 중요한 것은 남편도, 과거 급제도 아니니까.

규방가사, 특히 〈계녀가〉는 여성을 가르치는 글이다. 여성에게 유교적인 가부장제를 철저하게 복종하고 따르라고 가르친다. 처음에는 주로 남자가 여자에게 말했지만 점점 여자가 여자에게 전해 주게 되었다. 〈복선화음가〉처럼 어머니가 딸에게, 할머니가 손녀에게. 양반가 여자의 의무가 시부모와 남편에게 복종하고 시집 규범에 따르며 제사를 모시고 손님을 대접하고 아들 낳아 대를 잇고, 살림을 알뜰하게 하고 많기도 많은데, 이 모든 것의 전제가 되어야 할 남편, 즉 가부장의 과거 급제와 입신출세가 거의 불가능해진 시대에 그럼 먹고사는 일은 어떻게 하지? 무엇을 가지고 양반 체면을 지켜 내는 걸까?

〈복선화음가〉는 당대에 이런 질문들을 던졌다. 그리고 우리 주인공 이씨 부인이 답하게 했다. 그 답은 무척 허황되지만 질문도, 답도, 소망도 모두에게 절실했을 것이다.

비틀어 보는 영웅 소설

고전소설 《박씨부인전》의 주인공은 누구일까? 당연히 박씨 부인일 것 같지만, 소설은 박씨 부인의 남편인 이시백이 태어나는 이야기로 시작한다.

이야기의 첫 부분만 본다면 주인공은 이시백이라는 사람이다. 명산대천에 정성을 바쳐 얻은 아이, 신선이 옷소매 속에서 구슬을 꺼내 준 태몽, 심지어 태어나자마자 하늘에서 선녀가 내려와 아기를 씻겨 주고, 하늘나라의 별이 사람으로 태어난 아기이니 부디 잘 기르라는 당부까지 했다. 완벽한 주인공이다. 선녀는 하늘이 정해 준 이 아기의 배필이 금강산에 있으니 꼭 찾아서 혼인을 시키라는 말을 덧붙이고 사라졌다.

이시백은 내가 지금까지 읽어 본 고전소설 주인공 가운데 가장 하는 일이 없는, 어정쩡한 주인공이다. 영웅이 될 배경을 다 갖추었지만 정작 아무것도 하지 않는 사람이다. 《박씨부인전》은 이시백이라는 사람이 하늘의 뜻에 따라 영웅을 만나 혼인하고, 영웅의 도움을 받아 영화를 누린다는 이야기다.

장차 박씨 부인이 될 박 소저는 이시백과 달리 출생에 대한 신비한 이야기가 없다. 알고 보면 이 사람이 진짜 주인공이고 '슈퍼 히어로'인데 변변한 서사가 없다. 그의 아버지는 금강산에 숨어 사는 처사이다. 박 소저는 아버지에게서 도술과 학문을 배워 지혜와 재주가 뛰어나고 세상만사에 통달했다. 다만 외모가 몹시 못나서 혼인을 못하고 있다. 이 박 소저가 바로 선녀가 말한 금강산에 사는 이시백의 배필이다.

이시백의 아버지가 강원도 감사를 지낼 때, 박 처사가 찾아와 자식끼리 혼인 시키자고 한다. 감사는 아들이 태어날 때 선녀가 남긴 말이 떠올라 흔쾌히 승낙했다. 박 소저와 이시백은 서로의 뜻과는 상관없이 부부가 되었다.

혼인 첫날밤 이시백은 신부를 보고 넋이 나가 신방에서 뛰쳐나왔다. 신부는 "키는 칠 척에 허리는 열 아름, 코는 높고 이마는 툭 튀어나왔으며, 퉁 방울눈에 얼굴은 검다. 두 어깨의 쌍혹이 가슴까지 늘어졌고, 팔다리가 온전치 않아 손놀림은 둔하고 다리를 절며, 몸에서는 악취가 났다"고 한다.

그저 얼굴이 못난 것이 아니라 무슨 도깨비처럼 묘사해 놓았다. 영웅소설이자 군담소설이라기엔 지나치게 심심하고 긴장감 없는 이 이야기 안에서 가장 박진감 넘치는 대목이다. 그리고 처음《박씨부인전》을 읽었던 어린 시절부터 지금까지 변함없이 찜찜한 기분을 느끼게 하는 부분이다.

외모에 대한 묘사가 너무나 혐오감을 불러일으켜서 감정 이입을 방해하고 죄책감까지 느끼게 만든다. 선뜻 박씨 부인 편에 서지 못하게 하고, 신방에서 뛰쳐나와 아버지에게 혼인을 물러 달라고 청하는 이시백을 이해하게 한다. 아들을 꾸짖으며 "여인에게는 현숙함이 제일이고 용모는 상관이 없다"고 말하는 이시백의 아버지에게 공감하지 못하게 한다. 우리 주인공 박씨 부인은 능력에 한계가 없어서 이야기 내내 위기를 거의 겪지 않는다. 마음먹은 것은 뭐든지 해낸다. 박씨 부인이 겪는 가장 큰 시련은 외모로 비롯되는 것이다. 극복해야 하는 가장 큰 걸림돌도 외모다. 그리고 사실 이 이야기는 그게 전부다.

이시백은 아내를 쳐다보지도 않고 말도 붙이지 않는다. 이시백의 어머니도 며느리가 못마땅하다. 사실 남편이 혼자 정한 혼사이니 부인이 불만을 갖는 것도 당연하다. 이시백의 아버지는 천하의 도덕군자인 양 며느리가 지닌 덕을 칭찬하고, 겉모습에 연연하는 부인과 아들을 나무라지만 그다지 설득력이 없다. 이시백은 혼인한 지 몇 달이 지나도록 아내 방에 들어가지 않는다. 이 일로 아버지에게 꾸지람을 듣자, 방에 들어는 가되 말은 나누지 않고 날이 밝자마자 뛰쳐나오는 식으로 박씨에게 모욕을 준다. 비범한 출생 비화가 아까워지는 행실이다.

이시백이 변변치 못한 인물임이 드러났으니, 이제 박씨 부인이 활약할 차례다. 박씨 부인은 집 뒤뜰에 작은 초당을 지어 몸종 계화를 데리고 들어가 산다. 이 초당의 당호는 '피화정', 화를 피하는 집이다. 박씨는 당호를 종이에 쓴 뒤 금빛 현판으로 바꾸는 도술을 시아버지 앞에서 보였다.

어느 날 아침, 박씨는 하인을 시켜 일곱 냥짜리 비루먹은 말을 삼백 냥을 주고 사 오게 한다. 이 말을 잘 먹이고 길러 명나라 사신에게 삼만 팔천 냥에 팔았다. 비루먹은 말이 바로 천리마였던 것이다. 이렇듯 박씨는 피화정에 들어앉아 모든 일을 내다보고 처리한다.

이시백이 과거를 보러 가는 날 아침, 박씨는 신기한 꿈을 꾼 뒤 백옥으로 만든 연적을 손에 넣었다. 이 연적을 남편에게 주려고 몸종 계화를 통해 잠깐 보자고 청하니, 소갈머리 없는 이시백은 과거 보러 가는 날 여자가 남편을 오라 가라 한다고 버럭 화를 냈다. 박씨가 다시 한번 계화를 보내 청하자, 계화에게 화풀이를 해 버린다. 계화는 억울하게 매를 서른 대나 맞고 돌아갔다. 박씨가 아무리 어질다 해도 이는 참기 어려운 일이다. 박씨는 마음만 먹으면 남편을 하늘로 날려 버릴 수도 있는 막강한 도술을 지닌 사람이 아닌가. 하지만 박씨는 계화를 시켜 연적과 함께 "이 연적으로 먹을 갈아 시험을 보면 장원급제를 할 것이다. 그때는 나를 버리고 아리따운 여자를 맞아 새장가 들어라"는 말을 전했을 뿐이다. 이시백은 그제야 어정쩡한 사과를 남기고 과거를 보러 떠났다. 그리고 정말로 장원급제를 해 버린다. 모두가 박씨 부인 덕분이다.

박씨 부인은 시집온 지 세 해가 지난 어느 날, 시부모에게 친정에 다녀오겠노라고 말한다. 허락을 받은 뒤 신선처럼 하늘로 솟구쳐 사라졌다. 박씨의 부모는 "너의 액운이 끝날 때가 되었다"는 말을 한다. 박씨가 다시 시집으로 돌아온 뒤 보름날이 되자, 박씨의 아버지가 구름을 타고 사돈집을 찾아온다. 알고 보니 박씨의 추한 외모는 전생에 지은 죄를 다 갚지 못했기 때문이며, 이 액운이 끝나는 날이 오늘이라 이제 허물을 벗고 본모습을 되찾을 거라는 이야기다. 물론 그 본모습은 절세가인이다.

시어머니와 남편은 손바닥 뒤집듯 태도를 바꿨다. 그토록 노골적으로 아내를 냉대하고 모욕을 줬던 이시백은 사흘 밤 내내 사과했고 간단히 용서를 받았다. 그리고 두 사람은 부부의 정을 나누고 아들 쌍둥이를 낳아 오래오래 행복하게 살았다. 이야기는 이렇게 끝난다. 허무하게, 얄팍하게.

물론 병자호란이 배경인 2부가 남아 있다. 하지만 이 부분은 전혀 긴장감이 없고 이야기의 앞뒤도 안 맞는다. 박씨는 도술이 너무나 뛰어나서 위기라 할 만한 일을 전혀 겪지 않고 그저 이기기만 한다. 한 가지 재미있는 점은 정말 나서서 싸우는 사람은 박씨가 아니라 몸종 계화라는 점이다. 박씨가 도술로 조종하면, 행동은 계화가 맡는다. 박씨는 피화정에 일가친척과 충신열사의 식구들을 불러 모아 보호한다. 박씨의 재주라면 적군에게 포로로 끌려간 다른 많은 사람들도 보호해 줄 수 있지 않았을까? 남한산성과 강화도 전투를 승리로 바꾸어 놓을 수도 있지 않았을까? 기왕 역사를 바꾸어서 '정신 승리' 하는 김에 좀 더 과감하게 할 수도 있지 않았을까?

전쟁이 끝나고 박씨는 왕 앞에 나타나 인사를 올린다. 왕은 박씨를 치하하며 이시백의 벼슬을 높이고, 박씨에게 정경부인의 직첩을 내린다. 그 뒤 이시백은 점점 벼슬이 올라 영의정을 지냈고 쌍둥이 아들도 모두 출세를 한다. 이시백과 박씨 부인은 여든 살이 넘도록 해로하다가 한날한시에 세상을 떠난다. 전쟁은 마치 없었던 일 같고, 주인공들은 세속적인 부귀영화를 모조리 누렸다.

만약 작가가 허구의 영웅을 내세워, 굴욕적인 패전을 승리 서사로 바꾸어 민족의 자존심을 달래려는 의도로 이 소설을 썼다면, 박씨 부인도 이시백도 좀 더 위대한 일을 해야 했다. 자기 식구를 보호하고 부귀영화를 누리는 것만으로 영웅이 될 수는 없지 않은가.

그나저나 계화는 어떻게 됐을까? 가장 많은 일을 한 계화의 뒷이야기는 나오지 않는다.

진정한 영웅 다모 김조이

〈다모전〉

조선 후기에 송지양이라는 사람이 살았다. 1782년, 정조 6년에 태어나 순조 시대를 거쳐 철종 임금 때까지 이런저런 벼슬을 하며 이조참판까지 지낸 사람인데, 세상을 떠난 해와 날은 알려지지 않았다. 별로 이름을 알릴 만한 일을 한 사람은 아니라는 얘기다. 이 사람은 관리로서 이룬 업적보다 단 한 권 남긴 문집《낭산문고》에 실려 있는 〈다모전〉으로 더 유명하다.

〈다모전〉은 한문으로 쓴 소설로 아주 재미있는 이야기다. 사극 드라마에 흔하게 나오는 '다모'라는 인물은 아마 여기서 비롯된 것이 분명하다. 이 이야기는 마치 정말 있었던 일처럼 느껴진다. 주인공인 다모도 실제 인물 같고, 다모가 한 행동과 처한 상황이 모두 그럼직하다. 이야기 속에서 다모는 영웅이다.

김조이는 한성부 포도청에서 일하는 다모로, '조이'는 조선 시대 평민층 기혼 여성이나 과부를 일컫는 말이다. 그러니까 김조이는 기혼 직장 여성이다. '다모'는 관청에 소속되어 차 끓이고 손님 대접하는 일을 했던 관비를 부르는 말이다. 관비였기 때문에 신분은 천민이다. 차 끓이는 여자라 해서 다모인데 실제 하는 일은 관청에 따라 달랐던 모양이다.

실록을 보면 국립의료기관이었던 혜민국 의녀들은 달마다 의술 시험을 봐야 했는데, 세 번 잇달아 통과하지 못하면 다모로 지위가 떨어졌다는 기록이 있다. 다음 시험에 통과하면 다시 의녀가 될 수 있었다 한다. 즉 의료 기관 다모들은 의원과 의녀들을 보조하는 일을 했다는 뜻이다. 우리의 주인공 김조이는 한성부 포도청 다모이니, 종사관이나 포교들을 돕는 일을 했을 것이다. 여성이 연루된 범죄를 수사하고 죄인을 체포하는 일 같은. 남녀가 유별했던 시대였으니까.

정조 17년 충청도 청주에서 강도 사건이 일어났는데, 체포된 용의자가 여성이었다. 그래서 심문을 하기 전에 먼저 군영의 다모방에 가두었다는 기록이 있다. 포도청 다모는 키가 다섯 척이 넘고, 쌀 다섯 말을 들며, 막걸리 세 말을 거뜬하게 비우는 이들로, 허리에 찬 쇠도리깨를 치마 속에 감추고 다녔다는 이야기도 있다. 부풀린 말이겠지만 대충 포도청 다모 일을 하려면 신체가 건장하고 무기도 좀 다룰 줄 알아야 한다는 뜻일 거다.

이야기 배경인 1832년(순조 32년)에는 경기도, 충청도, 황해도에 큰 가뭄이 들어 한성부 백성들은 술을 빚는 것도, 마시는 것도 금지되었다. 금주령이 내려진 것이다. 금주령은 곡식을 아끼기 위해 조선 시대 내내 셀 수 없을 만큼 자주 내려졌지만, 대개는 봄부터 가을까지 내렸다가 가을 추수 뒤에는 풀어 주는 식이었고 제사, 혼인, 노부모 봉양, 병 치료처럼 예외가 많아서 빠져나가기도 어렵지 않았다. 대놓고는 못 마셔도 마시려면 마실 수 있었고(끗발 있는 사람들은 대놓고도 마셨다), 금주령이 내려도 술장사는 언제나 성업이었다.

예나 지금이나 조선 사람은 술을 좋아한다. 금주령을 어긴 관리를 남대문 앞에서 공개 처형해 버렸던 영조 임금 때도 술집은 늘면 늘었지 줄지는 않았다고 한다. 안 그랬으면 사도세자가 술을 어디서 구해 마셨겠나.

하여간 순조 32년에 내려진 금주령은 나름대로 꽤나 엄격했던 모양이다. 술 빚는 이를 고발하면 벌금의 십 분의 이를 포상금으로 주는 '술파라치' 방법을 쓰니, 술 빚는 자들을 귀신같이 잡아들였다나.

어느 날 아침, 김조이도 포교들과 함께 고발이 들어온 집으로 밀주 단속을 나갔다. 남산 아래 양반집이었다. 술 단지를 찾으려면 안채나 부엌을 뒤져야 하는데 여성이 쓰는 공간에는 남자가 들어갈 수 없기 때문에 다모가 필요했다. 다모가 먼저 들어가서 술 단지를 찾아 크게 소리쳐 알리면 포교들이 들어가 '죄인'을 체포한다.

다모는 그 집 안채로 몰래 숨어들어 가 아랫목에서 잘 익어 가고 있는 술 단지를 바로 찾아냈다. 술 단지를 안고 안채에서 막 나오는데, 집주인 할멈과 딱 마주쳐 버렸다. 주인 할멈은 그 자리에서 낯빛이 하얗게 질리고 눈이 돌아가더니 거품을 물고 쓰러졌다. 체포를 하려 해도 몸은 가눠야 할 것이 아닌가. 다모는 더운물을 떠다 입가를 축여 주고 몸을 주무르며 정신이 들기를 기다렸다.

마침내 할멈이 정신이 드니 다모가 말하길, "나라 법이 엄한데 양반이 어찌 법을 어기시오?" 할멈이 겨우 대답하길, "우리 집 영감이 병이 깊어 음식을 넘기지 못한 지 오래요. 병 조리를 하느라 곡식 몇 되 구해 조금 담은 것이오. 부디 한 번만 사정을 보아주면 은혜 잊지 않으리다" 한다. 병이 깊어 음식을 먹지도 못하는 사람이 술은 마셔도 되는 것인가는 우선 넘어가도록 하자.

김조이는 주인 할멈을 가엾게 여겨 술을 아궁이에 쏟아 단지를 비우고 그 집을 나왔다. 그러고는 노점에서 콩죽을 한 사발 사서 다시 그 집으로 갔다. 할멈에게 콩죽을 먹게 하고는 물었다. "이 댁에서 술 빚는 것을 누가 알고 있습니까?" 할멈은 방아도 손수 찧고 누룩도 집에서 만들어 몰래 담은 술이니 아무도 모른다고 대답했다. "술을 누구에게 판 적은 있습니까?" 다모가 다시 물으니 할멈은 펄쩍 뛰며 "오직 영감 병구완 때문에 담은 술이고 겨우 몇 사발 안 되는 양인데 누구에게 팔겠소? 맹세코 그런 일 없소" 하고 대답했다. 다모가 다시 묻기를, "그럼 누구 다른 이가 맛본 적은 있소?" 할멈은 잠시 생각하다가, "어제 시동생이 성묘 가는 길에 잠깐 들렀소. 그 집도 가난하여 아침도 못 먹고 왔다기에 한잔 권하였소. 그밖에는 아무도 맛본 적이 없소" 하고 대답했다. 시동생이 바로 '술파라치'였던 것이다. 김조이는 시동생 나이며 생김새를 자세하게 묻고는 그 집을 나왔다.

기다리던 포교들에게는 "저 집에 술은 없습니다. 주인댁 마님이 저를 보고 놀라 기절한 터라 깨어날 때까지 기다렸다 오느라고 늦었습니다" 하고 둘러댔다. 포도청으로 다시 돌아오는데, 문 앞에서 젊은 선비 하나가 서성대며 이들을 기다리고 있었다. 다모가 그를 보니 할멈이 말한 시동생과 인상착의가 같았다. 다모는 달려가 냅다 따귀를 올려붙이고는, "양반이란 자가 포상금을 노리고 형수를 고발하다니!" 하고 소리를 질렀다.

다모는 그길로 머리채를 잡혀 종사관 앞으로 끌려갔고, 자초지종을 말하자 술 빚은 이를 숨겨 준 죄로 볼기 스무 대를 맞게 되었다. 매를 다 맞고 그날 일이 파한 뒤, 다모는 다시 종사관에게 불려 갔다. 종사관이 돈 열 꿰미를 내주며 말한다. "네가 한 일이 옳으나 법은 법이라 매를 치지 않을 수 없었다. 이 돈은 너를 기특하게 여겨 상으로 주는 것이다."

다모는 돈 꿰미를 받아 들고 다시 남산 아래 집을 찾아갔다. 할멈에게 돈을 주면서, "마님이 술을 빚지 않았으면 이 상금이 어디서 났겠습니까? 이 돈으로 쌀을 사고 장작을 들여 겨울을 나십시오. 다시는 술 빚지 마시고요" 하고 전했다. 할멈이 한사코 사양했지만 다모는 돈을 놓아두고 뒤돌아보지 않고 나와 버렸다. 송지양의 〈다모전〉은 이렇게 끝난다.

송지양은 이 이야기를 어디서 들었을까? 소설이라고 하지만 바탕이 된 이야기는 분명 있었을 것이다. 금주령이 내리면 여염집 안채를 수색하려고 동원되었던 다모들, 포상금을 노리고 이웃과 식구들을 고발하던 사람들, 권세 있는 부잣집 문턱은 못 넘지만 가난한 사람들이 빚는 몇 되의 술을 찾아내 벌을 내리고 실적을 올렸던 관리들.

재위 기간 내내 술을 금지했던 영조 임금 때는 관리들이 '금란방'이라는 밀주 단속 전담반을 꾸리고 술집을 찾아내 돈을 뜯어내기도 했고, 또 실적을 올리기 위해 돈을 주고 술을 사 마시게 부추긴 다음 잡아들이는 함정 단속도 흔했다. 《세종실록》에는 '가난뱅이는 막걸리 한잔 마시다 잡혀 들어가고, 권세 있고 돈 있는 자들은 날마다 취해도 누구 하나 말하지 않는다'고 적혀 있다.

법대로 한다면서 힘없는 사람들만 괴롭히고, 양반이랍시

고 돈 몇 푼 노리고 식구를 파는 모습을, 가장 천한 신분인 다모가 나서서 꾸짖었다. 벌 받기를 두려워하지 않았고 상관이 내린 상금도 더 어려운 이에게 베풀었으니 다모 김조이가 바로 영웅인 것이다.

하늘을 날던
여자들

무협 사극에 빠진 적이 있었다. 특히 무예가 뛰어난 여자 주인공이 나오는 이야기를 좋아했다. 〈다모〉 같은. 드라마 〈다모〉는 '폐인'이라는 말을 만들어 낼 만큼 열렬한 시청자들을 낳았다. 나는 방영할 때 보지는 못하고 뒤늦게 디브이디(DVD)를 사서 딸과 함께 봤다.

거기 나오는 고수들은 일단 하늘을 날았다. 처음에는 날아도 너무 난다고 생각했다. 좀 사실처럼 그릴 수는 없나? 하지만 자꾸 보다 보니 나는 게 당연하다는 생각을 하게 됐다. 날지 못할 까닭이 뭐가 있겠나? 그래서 책을 읽다가 옛사람 가운데 정말로 날았던 여자들이 있다는 걸 알았을 때 기뻤다. 그렇구나, 드라마가 아주 뻥인 것만은 아니었구나. 뻥에도 전

통과 역사가 있구나!

조선 초 사람 성현이 쓴 《용재총화》라는 책이 있다. 우리 역사와 사람, 풍속, 지리, 문학, 음악, 전설 들처럼 온갖 이야기들을 써 놓은 책이다. 귀신 이야기도 있고 믿기지 않는 소문과 '뻥'인 게 분명한 잡담도 고루고루 실려 있다. 이 책에 '용감무쌍했던 고려의 장수 이방실과 그 누이동생' 이야기가 나온다. 《용재총화》에 이방실의 일화 마지막에 누이를 언급하는데, 이게 보통 이야기가 아니다.

> "이방실에게는 누이동생이 있었는데 역시 용맹함을 당할 자가 없었다. 항상 작은 나뭇가지를 벽에 꽂아두고 남매가 가지 위로 다녔는데, 방실이 지나가면 가지가 흔들렸으나 누이동생이 지나가면 흔들리지 않았다."[15]

이 글을 읽는 순간, 드라마 〈다모〉의 마지막 대결 장면, 여주인공이 대나무숲에서 날아다니며 싸우던 장면을 떠올렸다. 물론 이방실 오누이 경우는 일종의 훈련이기 때문에 스케일은 좀 작다. 하지만 가느다란 나뭇가지가 흔들리지도 않을 만큼 사뿐하게 날듯이 건너다니며 무예를 연습했다는 건, 우리나라와 중국을 아우르는 이 동아시아적 허풍이 정말로 '정말'이라는 걸, 진지하다는 걸 말해 주는 게 아니겠는가! 선비의 시간을 쪼개 온갖 '쓸데없는' 이야기를 기록한 성현 선생에게 큰 고마움을 느꼈다.

이방실 오누이에 대한 또 다른 이야기가 있다. 오누이의 고향인 경상도 함안 지방에서 전해 내려오는 이야기로 오누이는 고향을 지킨 영웅이었다. 북쪽에선 홍건적, 남쪽에선 왜구의 침략이 끊이질 않아 정신없던 고려 말이었다. 왜구는 일본 해적인데 많게는 수백 명이 배를 타고 건너와서 마을을 싹쓸이해 갔다고 한다. 함안은 바닷가에서 좀 떨어진 내륙인데도 왜구가 쳐들어온 걸 보면 그 무렵 고려는 정신이 하나도 없었던 게 분명하다.

하여튼, 이때 이방실은 아직 장수가 되기 전 열대여섯 살 소년이었고, 누이와 함께 고향에서 농사를 지으며 살고 있었다. 마을 사람들이 모두 들로 나와 보리를 베고 있는데, 전령이 달려와 왜구가 마을로 쳐들어온다는 걸 알렸다. 사람들이 모두 두려워하며 산으로 도망을 갈지, 집에 들러 뭐든 챙겨 도망갈지 우왕좌왕하고 있는데 오누이가 나섰다. "모두 밭고랑에 몸을 숨기세요. 우리가 적을 산으로 꾀어내겠소."

왜구가 들판으로 다가오자 누이가 나섰다. 치마폭에 낫을 싸서 감추고 보란듯이 들을 가로질러 산으로 달려갔다. 왜구들은 젊은 여자가 치마폭에 뭘 숨기고 달아나자 뒤를 쫓았다. 누이는 날 듯이 빨라서 왜구들은 숨이 턱에 닿도록 쫓아도 거리를 좁히지 못했다. 실은 더 빠르지만 적당히 거리를 둬서 꾀어낸 것이다. 누이가 좁은 숲길로 왜구들을 꾀어내고 방실이 그 뒤를 몰래 쫓았다. 누이가 짐짓 힘이 빠져 따라잡히는 척하니 맨 앞선 자가 더욱 있는 힘껏 달려갔겠지. 그자가 누이를 막 잡아채려는 순간, 누이가 획 돌아섰다. 낫이 번쩍! 왜구의 모가지가 뎅강! 뒤를 따라오던 자가 미처 상황 파악을 하기도 전에 또 뎅강! 누이는 앞에서, 오라비는 뒤에서 마주 달려오며 뎅강, 뎅강, 뎅강! 낫 두 자루로 왜구를 모두 무찔렀다는 이야기다.

이 용맹한 오누이 가운데 오빠는 고려 말의 명장으로 이름을 남겼지만 누이는 이름도 알려지지 않았다. 그 뒤엔 어떻게 살았을까? 성현 선생이 아니었으면 아무도 이 사람을 몰랐겠지?

또 한 사람이 있다. 이 이야기는 정말 있었던 일인지 좀 애매하지만 글쓴이는 사실이라고 주장한다. 전라도 익산에 소응천이란 선비가 살았다. 유학은 물론이고 천문, 지리, 법률, 역사들을 두루 공부했지만 벼슬에 뜻이 없어 홀로 사는 기이한 선비였다던가? 어느 날 한 젊은 여자가 소응천을 찾아와 자기를 첩으로 삼아 달라고 청했다. 이 난데없는 여자가 바로 이 이야기의 주인공이다.

"젊은 여자가 스스로 찾아와 첩이 되겠다 하니 너는 도대체 누구냐?"

"저는 종이었습니다. 그런데 주인집이 없어져서 갈 곳이 없습니다. 선비님이 뛰어난 분이라는 소문을 듣고 모시려 합니다."

소응천은 그 청을 받아들여 여자와 세 해 동안 함께 살았
다. 세 해가 지나고 어느 날 보름달 밝은 밤에 여자는 술상을
차려 놓고 소응천에게 뜻밖의 말을 한다.

"저는 선비님을 더 이상 모실 수 없으니 떠나려 합니다."

올 때만큼이나 난데없는 일이다. 소응천은 까닭을 물었다.
여자는 처음으로 자신이 살아온 이야기를 들려주었다.

여자는 어느 대갓집의 아기 종이었다고 한다. 그이는 주
인댁 아가씨와 자매처럼 함께 자랐는데 두 사람이 열 살 되던
해에 주인댁이 어느 권세가의 모함을 받아 망하고 말았다. 주
인댁 식구들은 모두 죽고 종들은 뿔뿔이 흩어져, 아가씨와 둘
이 함께 겨우 목숨을 건져 도망을 쳤다.

두 여자아이는 복수를 결심하고 남장을 한 뒤 검술 스승
을 찾아 온 나라를 떠돌았다. 스승을 찾은 두 아이는 다섯 해
동안 무예를 배웠다. 하늘을 날아다니며 칼춤을 출 수 있게
되자 스승께 하직 인사를 올리고 둘이 도회지로 나왔다. 칼
재주를 팔아 돈을 벌어 천금을 모아 보검 네 자루를 샀다. 원
수의 집을 찾아가 칼춤을 보여 준다 속이고 달빛 아래 춤을
추다 칼을 날려 원수의 목을 베고 기둥에 그 피를 뿌린 뒤 몸
을 날려 빠져나왔다.

원수를 갚은 두 사람은 아가씨의 부모님 산소에 가서 술
을 따르며 통곡했다. 아가씨가 말하길, 나는 "이제 할 일을 다

했으니 여기서 목숨을 끊을 것이다. 하지만 너는 내 보검 두 자루를 팔아 그 돈으로 내 장사를 지내 주고, 온 나라를 뒤져서 뛰어난 사람을 찾아 그 사람의 아내가 되어라. 너도 재주가 뛰어나고 뜻이 남다른 사람이니 시시한 사내와 살지 못할 것이다." 이 말을 남기고 아가씨는 스스로 목숨을 끊었다는 것이다.

여자는 그 뒤 세 해 동안 떠돌다 소응천을 알게 되어 아내가 되기로 마음을 먹었다. 그런데 왜 떠나려고 했을까? 여자가 말하길, "몇 년 동안 당신을 곁에서 모셔 보니 당신은 글을 잘하고 법률과 산술을 알고 점을 치는 몇 가지 재주가 있지만, 세상을 다스리고 뒷날의 본보기가 될 큰 지혜는 없는 분이었습니다. 당신은 제가 바라는 분이 아니니 저는 내일 날이 밝기 전에 떠나겠습니다" 했다. 소응천은 아무 대꾸도 못 하고 앉아만 있었다.

여자가 또 말했다. "처음이자 마지막으로 제 뛰어난 재주를 한번 보여드리고 갈까 합니다." 그리고 소응천에게 술을 권했다. 소응천이 거절했지만, "취하지 않으면 당신이 견디지 못할 것입니다" 하며 거푸 잔을 비우게 했다.

그 사이 여자는 붉은 비단옷과 푸른 두건, 노란 술이 달린 허리띠를 매고 빛나는 칼 한 쌍을 꺼내 들더니 달이 밝은 하늘로 날아올랐다고 한다. 큰 바람이 일고 공기가 얼어붙는 듯 싶더니 마당의 큰 나무 가운데가 싹뚝 잘려 나갔더란다. 소응천은 그만 정신을 잃었다. 다음 날 새벽에 소응천이 깨어나자 여자는 떠나고 없었다는 이야기다.

믿기지 않는 이야기인가? 하지만 이방실의 누이 이야기를 믿는다면 이 이야기도 못 믿을 건 없다. 소응천은 실제 조선 후기에 살았던 사람이다. 이 이야기는 안석경이란 사람이 쓴 문집《삽교만록》에 실려 있다. 마음에 차는 남자가 없어 머물지 못하고 다시 길을 떠난 여자는 어디로 갔을까? 어떻게 살았을까? 이방실의 누이처럼 아무도 모른다.

거침없고 대범한 귀신

《장화홍련전》
《아랑전설》

귀신 이야기를 해 볼까 한다. 어릴 때부터 지금까지 우리나라를 비롯한 동서양 귀신 이야기들을 두루두루 읽었고, 드라마나 영화로도 많이 보았다. 서양 귀신은 물리적인 힘이 강하고, 자기주장도 강하고(가끔 무척 종교적이기도 하고), 시끄럽게 소동을 일으키거나 사람을 직접 해치기도 하는데, '전설의 고향'으로 대표되는 한국 귀신은 그냥 가만히만 있어도 무섭다. 그리고 대체로 하는 일이 별로 없다. 그저 나타날 뿐이다. 하얗게 차려입고 흐느껴 울면서. 어쩌면 귀신은 이미 몸을 잃어버린 혼령이니까 아무것도 할 수 없고, 하지 않는 것이 귀신다운 일일 것이다. 때문에 내 기준에 따르면 한국 귀신은 세계 어느 나라 귀신 못지않게 무서울 뿐 아니라 가장

184

귀신다운 귀신이다.

한국 귀신 하면 여자 귀신이고, 그 가운데서도 처녀 귀신이 가장 무섭다. 처녀 귀신은 사실 거의 아무것도 하지 않는다. 아무도 해코지하지 않고 그저 나타날 뿐인데 그 모습을 본 사람이 너무 놀라 변을 당하게 된다. 아무 짓도 하지 않지만 모습을 보이는 것만으로 사람 목숨을 빼앗을 수 있다는 게 가장 무서운 점이다. 그렇게 무서운 존재가 되어 버린 까닭, 바로 그 사연이 거의 모든 처녀 귀신 이야기의 핵심이다. 그 사연을 알게 되면 무서움에 가여움이 더해져 뭐라 말할 수 없이 찜찜하고 서글프고 두고두고 생각나게 만든다.

사연 있는 처녀 귀신 이야기의 원형으로 경남 밀양의 '아랑전설'이 있다. 밀양부사의 딸 아랑은 유모와 통인(관아의 하인)의 음모에 휘말려 억울하게 죽어 귀신이 되었다. 유모와 통인의 음모란 '강간 모의'고, 아랑은 강간에 저항하다 살해당해 대숲에 버려진다. 범인은 잡히지 않았고, 아랑은 남자를 따라 도망가려 했다는 누명을 쓰는데, 살았어도 해명하기가 쉽지 않았을 것 같지만 이미 죽었기 때문에 해명할 길이 없다.

아랑의 아버지는 딸의 죽음을 가문의 불명예로 여겨 벼슬에서 물러났고, 그 뒤로 밀양에는 새로운 부사가 부임하는 족족 첫날 밤을 넘기지 못하고 죽는 일이 벌어졌다. 뒷이야기는 누구나 다 아는 그 이야기다. 아랑의 원귀는 신임 부사를 만나서(귀신이니까 부득이하게 밤에) 자기의 억울한 죽음에 대해 호소하고 범인을 처벌해 달라고 부탁하려 했을 뿐인데, 얘기를 꺼내기도 전에 다들 놀라서 죽어 넘어가니 귀신도 속이 있다면 얼마나 타들어 갔겠는가.

아랑과 같은 원귀들은 억울하게 죽었지만 아무에게나 분풀이하지 않고, 자기를 해친 범인에게도 직접 복수하지 않는다. 오직 공권력을 통해서 합법적으로 복수하고 명예를 회복하는 것이 목적이다. 아무도 해치려 하지 않고, 해치지도 않았지만 지방관 몇 명 정도는 죽어 나갔다. 담이 작았기 때문이다. 아무리 준법정신이 투철하다 해도 귀신은 귀신이기 때문이다.

마침내 담이 세고 공정한 신임 부사를 만나 아랑의 호소와 고발이 받아들여졌고, 악인들은 마땅한 벌을 받게 되었다. 아랑의 명예도 회복되었고, 밀양부사들의 연쇄 돌연사 사건도 해결되었다. 죽은 사람이 다시 살아나지 않은 것만 빼면 해피엔딩이라고 할 수도 있지만, 어린 시절 '전설의 고향'에서 이런 이야기를 보았을 때나 지금이나 찜찜함은 이야기가 끝나도 사라지지 않는다. 어렸을 때는 아랑이 회복하려고 한 '명예'의 의미를 완전히 이해하지 못했기 때문이고, 지금은 이해하기 때문일까.

'정절'을 지키려다 살해당했다. 그런데 '정절'을 잃었다는 누명을 썼다. 범인을 직접 찾아가 해치는 것만으로는 '정절'에 관한 누명을 벗을 수 없다. 그러므로 관리를 찾아갈 수밖에 없다. 마침내 '정절'을 지켰다는 사실을 밝혀냈다. 물론 범인들에게 복수도 했다. 그러니까 다 잘 해결된 것 아닌가?

그런데 오히려 본격적으로 찜찜해지기 시작한다. 아랑이 당한 범죄와 죽음이 너무나 참혹해서 찜찜하다. 복수가 너무 밋밋하게 느껴진다. 아랑이 집착하는 그 '명예'도 찜찜하다. 만약 아랑이 저항하다 죽지 않고, 강간을 당하고 나서 살해당하거나 자살했다면 그 '명예'는 회복이 안 되는 건가? 그리고 귀신이 왜 그렇게까지 합법적으로 복수를 해야 하나.

이 찜찜함의 정수를 모아 진하게 달여 몇 배로 농축한 다음 풍성한 이야기를 덧붙여 소설로 엮어 낸 것이 바로 '장화홍련' 이야기다. 이 이야기는 내가 초등학교에 들어가기 전 '한국 전래동화 전집'에서 처음 읽었다. 하지만 이 이야기의 가장 중요한 부분을 이해하게 된 것은 한참이 지난 뒤였다.

계모 허씨가 장화를 모함하려고 이부자리에 숨겨 놓은 '죽은 쥐'에 대한 부분을 어릴 때는 전혀 이해할 수 없었다. 죽은 쥐로 장화가 낙태를 했다고 몰아세워 자살하도록 강요했는데 이 일에 계모와 친아버지, 이복 남동생이 가담했다. 아버지는 계모에게 속은 것이긴 하지만, 장화를 살해하는 것에 동의했다. '정절'을 잃었기 때문이다. 일종의 '명예살인'이다.

장화는 억울한 죽음을 당했고, 식구 가운데 진상을 모르는 사람은 동생 홍련뿐이었다. 홍련은 의지하던 언니를 영문도 모른 채 잃고 계모에게 학대를 당하다 스스로 목숨을 끊었다. 두 자매가 모두 억울하게 세상을 떠났으니 원귀도 둘이 되었다. 뒷이야기는 아랑전설과 같다. 고을(평안도 철산이라 한다)에 부임하는 부사들마다 이튿날 뜨는 해를 보지 못하는 돌연사가 이어지고, 역시나 담이 세고 공정한 새 부사가 부임해 홍련은 언니 장화의 누명과 억울한 죽음을 언니 대신 부사에게 호소했다. 부사는 곧바로 장화, 홍련의 식구들을 잡아들여 자매의 죽음을 조사하기 시작했다. 여기서 죽은 쥐가 다시 등장하는데, 어릴 때는 참 갑갑해 죽을 노릇이었다. 그러니까 쥐가 어쨌단 말이냐!

장화가 행실이 부정하고, 낙태를 해 어쩔 수 없이 자결하게 했다는 증거로 죽은 쥐를 내놓으니 부사는 한 번은 물러났다. '정말로 낙태를 했다면 죽어 마땅한 거 아닌가?' 하고 의심을 했다는 건데, 이 이야기에 나오는 모든 사람과 귀신들이 다 여기에 동의하고 있다.

'부정한 여자는 죽어야 한다. 하지만 장화는 부정한 여자가 아니었다. 그러므로 장화는 억울하게 죽었고 장화에게 부정하다는 누명을 씌운 계모는 벌을 받아야 한다'는 이야기다. 그 옛날 '부정'이 어떤 의미인지 몰랐던 어린아이는 도대체 이게 다 무슨 소리인가, 왜 계모를 당장 잡아들이지 않는가, 답답할 뿐이었다. 하여튼 다음 날 밤 홍련 귀신이 한 번 더 부사를 찾아가 '죽은 쥐의 배를 갈라 보세요' 하고 말해 주었다. 배를 갈라 보니 쥐똥이 나와 태아가 아니라는 것이 밝혀졌다.

마침내 장화는 누명을 벗었다.

장화의 명예살인을 모의하고 가담했던 세 사람 가운데 계모 허씨는 능지처참을 당했고, 이복동생 장쇠는 목이 잘렸다. 명예를 회복한 장화 귀신은 홍련 귀신과 함께 부사를 찾아가 깊이 감사하고 절을 한 뒤 사라졌다. 아버지는? 조금 슬퍼하다가 또 새장가를 들어 얻은 쌍둥이 딸에게 장화, 홍련이라 이름을 지어 주었다나.

이보다 더 찜찜할 수는 없다. 우리 원귀들이 왜 이토록 준법정신이 투철한지, 폭력으로 목숨을 잃은 것보다 왜 그놈의 '명예'에 더 집착하는지, 왜 좀 더 시원하게 복수하지 않는지. 그리고 무엇보다 그놈의 '억울한 죽음'이 문제다. 그럼 안 억울한 죽음도 있단 말인가? 늙어서 자연사하지 못하고 남의 손에 죽었으면 다 억울한 거지, 그 빌어먹을 '정절'을 정말 잃었거나 스스로 버렸다면 억울한 죽음이 아니란 말인가? '죽은 쥐'의 진실을 나중에 이해하고 나서 든 생각이 바로 이랬다. '그게 죽어야 될 일이야? 그 아버지는 살인에 가담했는데 왜 아무 벌도 받지 않았지?'

이 원귀들 이야기는 지금도 우리나라 사람이면 주로 어릴 때 한 번은 듣고 읽어 보게 된다. 그 찜찜함은 앞으로도 계속될 것이다. 우리 원귀들은 무섭기론 세계 최고다. 하지만 너무 착하다. 너무 법을 잘 지킨다. 좀 더 거침없이 복수하고, 누명 따위는 신경 쓰지 않는 대범한 귀신을 원한다.

되풀이되는 평강공주들

조선 시대 야담집을 읽다 보니 인물만 바뀌면서 되풀이되는 이야기가 있었다. 처지가 불우한 남자가 지혜롭고 헌신적이며 경제력도 있는 여자를 만나 여자의 뒷바라지 덕에 출세하는 이야기다. 달리 말하면 불우한 남자의 능력을 알아보고 물심양면으로 도와서 성공시키는 여자 이야기다. '평강공주와 온달 이야기'의 다양한 변형으로 볼 수도 있을 것이다. 다만 여자의 신분이 공주가 아니다.

이야기는 대개 이렇다. 남자는 양반 신분이긴 하지만 아주 불우하다. 과거에 급제하여 출세하는 것만이 집안을 일으킬 단 하나의 길인데, 과거 공부에만 몰두하기에는 집안이 너무나 가난하다. 남자는 집을 떠나 먼 타관에서 떠도는 신세가 되어 버린다. 앞날에 대한 아무런 희망도 없는 나날을 보내다가 우연히 한 여자를 만난다.

여자는 천한 신분으로 관청에 매인 기생이거나 노비이다. 그렇지만 경제적인 능력은 남자보다 훨씬 낫다. 여자는 남자를 처음 본 순간부터 아무런 까닭 없이 친절을 베푼다. 집으로 데리고 와서 정성껏 음식을 차려 먹이고 번듯하게 옷을 해 입힌다. 몇 달 혹은 몇 해고 남자를 돌봐 주고 뒷바라지를 해 준다. 여자는 남자가 앞으로 귀하게 될 사람임을 알아보았다고 말한다. 어떻게 알아보았는지는 모르겠지만. 여자는 남자에게 목돈을 주어 집안 살림을 정돈하게 하고 과거 시험을 보도록 격려한다.

남자는 과거를 보려고 한양으로 떠나면서 여자와 이별한다. 남자는 그길로 과거에 합격해서 벼슬길에 오르고 벼슬은 점점 높아져서 정말로 귀한 사람이 된다. 크게 출세한 남자가 수년 뒤 여자와 다시 만나게 된다. 여자는 남자가 떠나 있는 동안 남자가 성공하기만을 빌면서 기다려 왔다. 남자는 여자를 첩으로 맞아들여 남은 평생을 함께한다.

세부적인 내용에는 조금씩 차이가 있지만 대체로 이런 줄거리를 갖는 야담은 꽤 여러 편이다. 주인공인 남자가 실존 인물인 경우도 있다.《청구야담》을 비롯한 여러 야담집에 실린 옥계 노진과 우하형의 이야기가 대표적이다.

옥계 노진의 이야기는 이렇다. 옥계 노진은 조선 선조 때 살았던 실존 인물이라고 한다. 그는 젊은 시절 아버지를 일찍 여의고 집안이 어려워 늦도록 장가들지 못했다. 그의 어머니는 선천부사로 있는 오촌 당숙을 찾아가서 혼수 비용을 얻어 오라고 권한다. 선천 관아에 이르렀지만 문지기가 들여보내 주지 않았다. 오촌 조카인 아무개가 왔노라고 전갈을 넣어 보았지만 소용없었다. 낯선 땅에서 돈도 없고 묵을 곳도 없이 헤매게 된 옥계를 마침 지나가던 젊은 기생이 보았다. 기생은 옥계를 한참 동안 쳐다보다가(아마도 관상을 본 것 같다) 먼저 말을 붙였다. "도련님은 어디서 오는 길입니까?"

옥계가 그간의 사정을 이야기하니 기생이 자기 집에서 묵으라고 권한다. 옥계는 그러마고 했고, 겨우 관청에 들어가 당숙을 만난다. 그런데 혼수 비용을 도와 달라는 옥계의 청을 당숙은 일언지하에 거절하며 냉담한 태도를 보였다. 옥계는 당숙에게 도움받을 생각을 접고 그날 밤 기생의 집으로 가서 묵는다. 기생은 그날 처음 본 옥계를 반갑게 맞아들여 정성껏 저녁상을 차려 주고 잠자리도 같이 한다.

다음 날 기생은 옥계에게 놀라운 제안을 한다. "선천부사는 인색한 사람이라 도와주지 않을 것입니다. 도련님은 장차 반드시 크게 될 사람입니다. 저에게 모아 둔 은 오백 냥이 있으니 이곳에서 며칠 묵다가 그 은을 가지고 곧장 돌아가도록 하세요."

이 대목에서 놀라운 점은 옥계가 이 놀라운 제안을 듣고

도 놀라거나 의아해하지 않는다는 점이다. '아니 왜, 나에게?' '당신은 대관절 누구길래?' 같은 질문이 없다. 물론 전날 밤 잠자리에서 충분히 이야기를 나눴을 수도 있지만 말이다. 옥계는 단지 이렇게 말한다. "말없이 돌아가면 당숙께서 노여워하실 텐데." 기생은 부사가 친척이지만 믿을 수 없는 사람이며 오래 있어도 푸대접받을 뿐이라고 거듭 말한다.

옥계는 마침내 기생의 제안을 받아들여 기생의 집에서 며칠 묵은 뒤 은 오백 냥을 받아들이고 말까지 한 필 얻어서 고향 남원으로 향한다. 은인이자 정인인 기생과 눈물로 헤어지고 고향집에 도착하자마자 옥계는 장가를 든다. 그리고 은 오백 냥을 밑천으로 살림을 갖춰 놓고 과거 공부에 매진한다.

다섯 해 뒤 옥계는 과거 시험에 합격하고 암행어사가 되어 평안도로 나가게 된다. 평안도에 가서 선천의 기생집을 다시 찾았지만 기생은 없고 기생의 어머니만 홀로 집을 지키고 있었다. 어머니가 말하길 옥계가 고향으로 떠나자마자 딸이 온다 간다 말도 없이 자취를 감췄다는 것이다. 딸이 성천 지방의 한 절간에 숨어 지낸다는 소문은 들었지만 너무 멀고 기력이 없어 찾아 나서지 못했다는 것이다. 옥계는 그 말을 듣자 곧장 성천으로 달려간다. 아니, 암행어사로 왔다고 하지 않았나?

성천 온 고을의 절간을 샅샅이 찾아다닌 끝에 가파른 벼랑 위에 있는 조그만 암자를 발견한다. 암자를 찾아가서 중들에게 물어보니 다섯 해 전 한 젊은 처자가 은자를 들고 찾아와 양식을 대 달라고 청하고는 부처를 모신 탁자 밑에 들어가서 나오지 않는다는 것이다. 절의 중들은 창문 틈으로 아침저녁만 넣어 줄 뿐 그 뒤로 처자의 얼굴을 본 적이 없다고 말했다. 옥계는 절의 주지를 통해서 창문 틈으로 말을 전하게 했다. "남원의 노 도령이 왔는데 왜 나와서 맞지 않는 거요?" 여자가 대답하길, "과거에 올랐답니까?" 하고 물었다. "과거에 합격하고 암행어사가 되었소." "내가 여러 해 동안 고생하며 숨어 지낸 것은 오직 서방님을 위해서였습니다. 당장 뵙고 싶지만 지금 내 꼴이 귀신 같으니 열흘만 말미를 주세요."

열흘 뒤 여자는 옥계와 처음 만났을 때처럼 아름답게 단장하고 나타났다. 두 사람은 손을 맞잡고 울다가 웃으며 기뻐했다. 옥계는 가마를 마련해 여자를 고향집으로 보냈고 암행어사의 임무를 마친 뒤 한양으로 불러올려서 마침내 함께 살게 되었다. 물론 여자는 옥계의 첩이 됐다.

조선 후기에 병마절도사를 지낸 무관 우하형의 이야기는 옥계 노진의 이야기와 거의 비슷하다. 우하형도 역시 실존 인물이다. 그는 무과에 급제했지만 벼슬을 받지 못하여 변방 고을로 수자리를 살러 가게 되었다. 그의 집안도 무척 가난하고 벼슬자리로 이끌어 줄 변변한 연줄도 없었다. 수자리 살던 고을에서 우하형은 한 관비와 살림을 차렸다. 여자는 바느질과 길쌈을 열심히 하여 우하형을 먹여 살리고 돌봐 주었다.

앞의 옥계 노진처럼, 우하형도 여자의 정성과 헌신을 자연스럽게 받아들였다. 수자리 기한이 끝날 무렵 여자가 우하형에게 앞으로 어떻게 할 생각이냐고 물었다. 우하형은 가진 재산도 없고 벼슬할 희망도 없으니 고향으로 가겠다고 답했다. 여자는 우하형에게 자신이 모아 둔 은 육백 냥을 줄 테니 한양에 가서 벼슬을 구하라고 한다. 마침내 우하형이 떠나는 날, 여자는 우하형에게 전별금 육백 냥을 주며, 열 해를 기한으로 두고 애쓰다 보면 뭔가 할 수 있을 거라고 격려했다. 우하형이 이 고을 수령이 되는 날 다시 만나자고 약속한다. 우하형은 기꺼이 은 육백 냥을 받아 들고 여자와 눈물로 작별했다.

그는 한양으로 가서 육백 냥을 밑천으로 여기저기 줄을 대어 벼슬자리를 구했다. 벼슬이 점점 높아져서 마침내 우하형이 수자리 살던 고을의 수령으로 부임한 날, 두 사람은 재회한다. 이 여자도 역시 우하형의 소실이 되었다.

두 이야기 속 선천의 기생과 변방의 관기는 모두 남편감을 스스로 선택했다. 무슨 재주를 지녔는지, 지금 처지는 불우해도 장차 크게 출세할 사람임을 첫눈에 알아보았다. 두 사람 모두 신분과 하는 일에 어울리지 않게 많은 재산을 모아 두었고, 그 재산을 남자의 장래에 걸었다. 두 경우 모두 맞아떨어졌다.

두 사람은 크게 출세한 남자의 소실이라는 지위를 얻었

다. 한 사람은 기생이었고 한 사람은 관비였으니 신분 상승을 이뤘다고 볼 수도 있겠다. 그렇다면 여자들의 소망은 천한 신분에서 벗어나는 것이었을까? 단지 그것이라면 그렇게 오랜 세월 동안 희생하지 않아도 가능하지 않았을까? 수백 냥의 은을 모을 정도의 재주가 있고, 실제로 그만한 재물이 있었다면 면천하여 자유롭게 살아갈 방도가 분명 있었을 것이다. 남자를 무척 사랑하고 연모해서 그랬던 걸까?

그러나 이야기 속에는 두 사람이 애틋한 정을 나누는 모습은 보이지 않는다. 선천 기생은 옥계를 처음 만난 그날 바로 집으로 데려가서 단 며칠을 함께 지내고는 거금 오백 냥을 주어 보냈다. 변방의 관비는 우하형과 살림을 차렸지만 우하형은 아무런 약속도 해 주지 않았다. 수자리를 살고 나면 여자를 두고 가 버릴 남자였다. 이 여자들은 왜 이렇게 기대할 것이 아무것도 없는 남자들에게 전 재산을 내어놓고 그들의 성공을 기원하며 오랜 기간을 기다린 걸까? 성공한 남자들을 다시 만났지만 그들의 첩이 되어 또다시 그들에게 헌신하는 삶을 살게 될 뿐인데. 그런 삶이 그토록 소망하던 미래였을까? 아무래도 이 이야기는 천한 신분이나 재주가 뛰어난 여자들의 소망을 담은 이야기는 아닌 것 같다는 생각이 든다.

궁금하다. 왜 이런 이야기가 이렇게 많을까? 그리고 이 이야기는 누구의 소망을 담은 것일까? 두 번째 질문은 첫 번째 질문의 답이 될 수 있다고 생각한다. 이 이야기는 다수인 누군가의 절실한 바람을 담고 있기에 여러 형태로 변형되어 꾸준히 전해져 내려온 게 아닐까? 그 누군가는 누구일까? 양반이라는 신분은 있지만 재산도 연줄도 없어서 출세할 꿈도 꾸지 못하던 남자들일까?

조선 후기의 과거 시험은 점점 더 공정한 인재 선발 도구로써 제 기능을 하지 못하고, 사실상 오랫동안 과거 시험을 준비하는 일 자체가 가난한 집에서는 불가능해졌다. 양반이라는 신분도 과거에 급제해서 관직에 나가야만 유지할 수 있는데, 가난한 양반은 과거 준비를 오랫동안 할 경제력이 없어서 벼슬할 길이 막히게 되고, 벼슬을 못 하면 다른 생업이 없는 한 점점 더 가난해질 것이다. 살림을 꾸려 나가기 위해 다른 생업에 손을 대면 양반이라는 신분이 위태로워진다. 그러니 벼슬하지 못한 가난한 양반이 의지할 사람은 어머니나 아내 즉 여자들뿐이다. 그가 글공부하는 동안 길쌈하고 농사짓고 머리카락 잘라 팔아 생계를 유지해 주는 사람. 그렇지만 이것들을 팔아 한 재산을 모을 수 있겠는가?

허생의 아내가 그렇게 허생을 뒷바라지하다가 굶어 죽을 지경에 이르러 남편에게 푸념 한 번 했더니, 허생이란 자는 처 때문에 열 해 동안 계획했던 공부를 못 마치게 되었다며 그길로 집을 나가 버리지 않았나. 아내만으로는 부족했다. 그렇기에 길에서 만난 기이한 인연이 필요했던 것이다. 관상 한 번 보고 큰돈을 선뜻 내주는 사람, 밥해 주고 옷 수발해 주고 잠자리 같이하며 극진하게 섬겨 주는 사람, 남자의 성공을 위해 기꺼이 이별해도 일편단심으로 기다려 주는 사람. 바라는 것은 아무것도 없고 베풀기만 하는 사람, 희망이 없던 남자에게 이런 사람이 하늘에서 뚝 떨어지는 것이다.

그 사람은 천한 신분의 여자이기에 남자에게 어떤 부담도 주지 않는다. 대가를 치를 필요가 없는 행운이 바로 야담 속 여자들이다. 이런 여자들이 정말 있었을까? 그건 알 수 없다. 고구려 시대의 평강공주부터 시작해서 조선 후기까지 전해 내려오는 이야기들 속에 분명히 있는 것은 그런 여자를 만나길 바라는 남자들의 소망이다.

몇 해 전 한 남자 지인과 잡담을 하다가 이런 말을 들었다. 일상적인 대화를 나누다가 별 생각 없이 한 말인데 나에게는 아주 기이하게 들렸다. "지금은 맞벌이 많이 하지만 전에는 여자들이 일 안 했잖아?" 나는 인류 역사 이래 여자가 일하지 않은 시대는 없었던 것으로 안다고 대답했고, 대화는 끊겼다. 그분에게 전지전능한 평강공주를 소망하는 남자 조상들의 유구한 소망이 담긴 야담집을 권하고 싶다.

참고 문헌

1~3.《허난설헌》, 박혜숙, 건국대학교출판부, 2008. (252, 141, 122쪽)
4~8.《병자일기》, 남평조씨 지음, 박경신 역주, 나의시간, 2005. (11, 91, 63, 21~22, 82쪽)
9~10.《유학과의 짧은 만남》, 정도원, 문사철, 2009. (137, 140쪽)
11~12.《한국 산문선 8》, 안대회, 이현일 편역, 민음사, 2017. (270, 273쪽)
13.《조선에서 여성으로 산다는 것》, 임유경, 역사의아침, 2014. (210~211쪽)
14.《은애전》, 이덕무, 동아출판, 2016.
15.《용재총화》, 김남이·전지원 옮김 외, 휴머니스트, 2015. (13쪽)

강명관,《그림으로 읽는 조선 여성의 역사》, 휴머니스트, 2012
강명관,《열녀의 탄생》, 돌베개, 2009
김미란,《조선시대 양반가 여성의 생애와 풍속》, 평민사, 2016
남평조씨 지음, 박경신 역주,《병자일기》, 나의시간, 2015
박혜숙,《허난설헌》, 건국대학교출판부, 2008
성현 지음, 김남이·전지원 외 옮김,《용재총화》, 휴머니스트, 2015
안대회, 이현일 편역,《한국 산문선 8》, 민음사, 2017
유몽인 지음, 신익철 외 옮김,《어우야담》, 돌베개, 2006
이강옥 옮김,《청구야담》, 문학동네, 2019
임유경,《조선에서 여성으로 산다는 것》, 역사의아침, 2014
정도원,《유학과의 짧은 만남》, 문사철, 2009
정창권,《홀로 벼슬하며 그대를 생각하노라》, 사계절, 2003
조혜란,《삼한습유》, 소명출판, 2011
한국고전여성문학회,《한국 고전문학 속의 가족과 여성》, 월인, 2007

도대체 여자 일이 무엇이관데?

비틀어 보는 조선 시대 여성의 삶과 이야기

2024년 11월 11일 1판 1쇄 펴냄

글 신혜경

편집 김누리, 김성재, 이경희, 임헌

디자인 이지선

제작 심준엽

영업마케팅 김현정, 심규완, 양병희

영업관리 안명선

새사업부 조서연

경영지원실 노명아, 신종호, 차수민

인쇄와 제본 (주)상지사 P&B

펴낸이 유문숙

펴낸곳 (주)도서출판 보리

출판등록 1991년 8월 6일 제9-279호

주소 (10881) 경기도 파주시 직지길 492

전화 031-955-3535

전송 031-950-9501

누리집 www.boribook.com

전자우편 bori@boribook.com

© 신혜경, 2024

ISBN 979-11-6314-385-7   03910

값 15,000원